Gelassenheit

Wie Sie innere Ruhe finden und Zufriedenheit erlangen

Perfektionismus überwinden im Handumdrehen

Vivienne Krüger

1. Auflage

ISBN:1984901575
ISBN-13:9781984901576

INHALT

1	Probier's mal mit Gemütlichkeit!	Seite 1
2	Von Gewohnheiten und Gelassenheit	Seite 3
3	Routinen für mehr Entspannung	Seite 5
4	Der Verlust der Gelassenheit	Seite 7
5	Gewohnheiten, die Sie weiterbringen	Seite 14
6	Routinen, die Ihre Produktivität verbessern	Seite 20
7	Unsitten ändern oder abgewöhnen	Seite 24
8	So pflegen Sie gute Gewohnheiten	Seite 27
9	Mit Meditation zu Ihrem gelassenen Selbst	Seite 31
10	Stress – Feind der Gelassenheit	Seite 48
11	Mit der Natur entspannen	Seite 62
12	Mit cleveren Routinen Anspannung und Hektik vermeiden	Seite 75
13	Mit Köpfchen täglich gelassener leben	Seite 80
14	Chakren – vom gesunden Umgang mit Energien	Seite 84
15	Yoga – mehr als „Ommmm“	Seite 122

ÜBER HELUHELU PUBLISHING

HeluHelu Publishing verbindet persönliches Wachstum mit Lesespaß. In verständlicher und leicht konsumierender Art und Weise präsentiert HeluHelu Publishing die unterschiedlichsten Themen aus dem Bereich der Persönlichkeitsentwicklung, und zwar so, dass es für den Leser ein Leichtes ist, Wissen aufzusaugen und dieses Wissen erfolgreich in die Tat umzusetzen. So widmet man sich in den Büchern, eBooks und Hörbüchern den wichtigsten Lebensbereichen des Menschen. Ziel ist es, die Welt ein wenig glücklicher und positiver zu gestalten und den Lesern dabei zu verhelfen, ihre Träume zu verwirklichen, ihr volles Potenzial auszuschöpfen und ihr Leben richtig zu lieben.

Immer auf dem Laufenden bleiben

HeluHelu Publishing veröffentlicht in regelmäßigen Abständen neue Bücher, eBooks und Hörbücher im Ratgeber-Bereich. Um immer auf dem Laufenden zu bleiben und keine Neuveröffentlichungen zu verpassen, bietet sich der kostenlose Newsletter wunderbar an. Hier warten unglaubliche Angebote sowie besondere Deals für die Newsletter-Abonnenten.

Der Link zu der Webseite lautet wie folgt: www.heluhelupublishing.de

KAPITEL 1
PROBIER'S MAL MIT GEMÜTLICHKEIT!

Jeder kennt das Bild des drolligen und unbekümmerten Bären Balu, der mit diesem Lied durch den Dschungel tanzt und anderen die Kunst der Gelassenheit lehrt. Es mag so simpel klingen und doch fehlt vielen Menschen die Fähigkeit, gelassen zu sein, sich gehen zu lassen, einfach einmal einen Moment innezuhalten und sich seiner selbst bewusst zu werden. Stress, Gereiztheit und das Gefühl, die Kontrolle über das eigene Leben zu verlieren sind die Folge.

Fühlen Sie sich auch manchmal verloren in der Schnelllebigkeit des Alltags? Reagieren Sie eventuell auf viele Dinge unangemessen aufbrausend oder fallen Sie möglicherweise regelmäßig in ein tiefes Loch der Erschöpfung, weil Ihr Alltag Sie zu überfordern droht? Rauchen, das Frühstück auslassen und prokrastinieren, also Aufgaben gerne auf später zu verschieben, das sind nur ein paar der Gewohnheiten, die wir alle kennen und von denen wir wissen, dass wir sie am besten ändern sollten. Aber gute Vorsätze allein bringen noch keine Änderung und setzen uns unnötig unter Druck. Gelassenheit bleibt so ein Wunschgedanke.

Der US-amerikanische Theologe Reinhold Niebuhr fasste seinen Wunsch nach Gelassenheit folgendermaßen zusammen:

„Gott gebe mir die Gelassenheit, Dinge hinzunehmen, die ich nicht ändern kann, den Mut, Dinge zu ändern, die ich ändern kann und die Weisheit, das eine von dem anderen zu unterscheiden. Gott gebe mir Geduld mit Veränderungen, die ihre Zeit brauchen, und Wertschätzung für alles, was ich habe, Toleranz gegenüber jenen mit anderen Schwierigkeiten und die Kraft, aufzustehen und es wieder zu versuchen, nur für heute.“

Dieser Ratgeber enthält erprobte Schritte und Strategien, die Ihnen zeigen, wie Sie Gelassenheit lernen und dafür negative oder schlechte Gewohnheiten umwandeln. Warum ist eine Gewohnheitsänderung so wichtig? Sie ist wichtig, weil Routinen unser ganzes Leben steuern und Gelassenheit begünstigen oder verhindern können.

Wer sich auf die Suche nach innerer Ruhe und Genügsamkeit macht, der wird schon bald feststellen, dass Gelassenheit oft auf der Strecke bleibt, besonders in der heutigen Welt, die von einem stetigen Streben nach Entwicklung und Fortschritt geprägt ist. Jeder versucht, sein Leben so perfekt wie nur möglich zu meistern und plant bereits jetzt den Urlaub in zwei Jahren. Wer hat neben dem Job oder dem Studium, der Familie und der Liebe noch Zeit, sich zu entspannen? Das kann man doch auch im Sommerurlaub machen. Oder in der Rente. Und überhaupt: Um erfolgreich zu sein, muss man schließlich auf einen derartigen Luxus verzichten können, oder?

Nein, völlig falsch. Gelassenheit ist kein Luxus, den sich nur einige wenige Privilegierte leisten können. Genauso wenig ist es etwas, das nur denen vorbehalten ist, die kein anstrengendes Leben führen und keinen Wert auf Erfolg legen. Gelassenheit ist ein Allgemeingut. Etwas, das jedem zusteht und jedem dabei hilft, sein Leben erfolgreich und angenehmer zu führen.

Gelassenheit bedeutet Loslassen. Und das können auch Sie lernen.

Sind Sie bereit an Ihrem neuen Ich zu arbeiten?

KAPITEL 2
VON GEWOHNHEITEN UND GELASSENHEIT

Haben Sie jemals über die Macht der Gewohnheit nachgedacht? Wie entscheidend Gewohnheiten über Erfolg und Misserfolg sind? Und wie sie Sie dahin gebracht haben, wo Sie heute sind?

Ob Sie nun in Bestform sein sollten oder immer noch danach suchen: Gewohnheiten sind ein essenzieller Bestimmungsfaktor, der darüber entscheidet, wie unser Leben heute ist und wie es sich zukünftig entwickeln wird.

Eine Studie an der Duke University besagt, dass 40 % unserer Tätigkeiten oder Routinen durch unsere Gewohnheiten bestimmt sind und dementsprechend nicht bewusst gesteuert werden.

Könnten Sie sich vorstellen, wie sich Ihr Gehirn anfühlen würde, wenn Sie wirklich jede Ihrer Bewegungen und Handlungen bewusst ausführen würden? Ohne Gewohnheiten wäre unser Gehirn überlastet und selbst eine einfache Tätigkeit wie Zähne putzen wäre viel zu anstrengend. Wie sähe das dann erst beim Fahrradfahren aus? Wenn wir nicht dazu in der Lage wären, Gewohnheiten zu schaffen, dann wäre selbst eine sehr kurze Strecke mit dem Fahrrad mental äußerst kraftraubend – denn unser Gehirn müsste an zu viele Dinge gleichzeitig denken: wie das Fahrrad stabilisiert wird, wie die Pedale benutzt werden, wie die Unebenheiten in der Straße vermieden werden, usw. Gewohnheiten sind also dafür da, dass unser Gehirn tagtägliche

Aufgaben mit Leichtigkeit absolvieren kann. Und sie geben uns Sicherheit.

In Forschungen des MIT in den 1990ern haben Wissenschaftler herausgefunden, dass die Basalganglien (ein Teil des Gehirns) für die Bildung von Gewohnheiten verantwortlich sind. Wenn wir bestimmte Aufgaben wiederholt ausführen bzw. wiederholt auf dieselben Reize reagieren, dann ist unser Gehirn dazu in der Lage, dieses Muster zu erkennen und folglich eine Routine zu schaffen. Die Basalganglien sind der Grund, warum Sie automatisch das Licht ausmachen, wenn Sie ein Zimmer verlassen, warum Sie „Danke" sagen, wenn Ihnen jemand einen Gefallen getan hat, und auch warum Sie nach jeder Mahlzeit zu einer Zigarette greifen.

Wegen dieser Gewohnheiten können wir die verschiedensten Aufgaben erfüllen, ohne uns groß dabei anstrengen zu müssen. Und infolgedessen kann sich unser zerebraler Kortex (die Großhirnrinde) auf die wichtigen Dinge, wie Entscheidungsfindungen oder Planungen, konzentrieren. Diese Fokussierung ist eine ideale Basis für Gelassenheit, da durch sie Druck und Stress reduziert werden.
In unserem Routineportfolio unterscheiden wir zwischen guten und weniger guten Gewohnheiten. Klar, die guten Gewohnheiten sind die, die uns dabei helfen, positiv auf bestimmte Situationen zu reagieren, Beziehungen zu anderen Menschen aufzubauen und zu erhalten, oder ein besserer Mensch zu werden. Einige Beispiele guter Gewohnheiten sind gesund essen, Sport treiben oder dankbar sein. Schlechte Gewohnheiten sind jedoch die, die uns daran hindern, unsere Ziele zu erreichen. Den ganzen Tag nur lustlos herumlungern, zu viel Alkohol trinken und lügen, stellen dabei nur einige der negativen Gewohnheiten dar, die es gilt, aus unserem Leben zu entfernen.

KAPITEL 3
ROUTINEN FÜR MEHR ENTSPANNUNG

Nehmen wir einmal an, Ihr momentanes Lebensziel wäre es, die Universität abzuschließen. Der Erwerb eines Abschlusses wird Ihnen dabei natürlich nicht einfach so in den Schoß fallen. Sie müssen dafür arbeiten und ihn sich verdienen. Was machen Sie also? Sie entwickeln Lerngewohnheiten. Sie gehen abends weniger mit Ihren Freunden aus und verbringen mehr Zeit damit, Lernstoff für Ihre Prüfungen zu wiederholen. Sie spielen weniger Videospiele, sodass Ihnen mehr Zeit zur Verfügung steht, Ihre Forschungsarbeit zu schreiben. Sich gute Gewohnheiten zu schaffen, ist also wichtig, denn sie rücken Ziele in erreichbare Nähe.

Tatsächlich hat die American Psychological Association eine Studie veröffentlicht, die besagt, dass es wichtiger ist, sich gute Gewohnheiten zu schaffen, als sich Ziele zu setzen. Es wird behauptet, dass Leute, wenn Sie Ihre Ziele erreichen wollen, Selbstbeherrschung und Motivation anwendeten, um ständig weiterzumachen. Sollten die Dinge jedoch nicht so laufen wie geplant, dann verlören die meisten Leute die Kontrolle und rutschten wieder in ihre alten Gewohnheiten ab. Wenn Sie sich stattdessen rechtzeitig Gewohnheiten schaffen, dann werden Sie in der Spur bleiben; diese Routinen werden nämlich schon in Ihrem Geist und Ihrem Verhalten eingebettet sein.

Und gerade in emotional aufgeladenen Situationen tut häufig ein wenig Gewohnheit gut. Ein Sprichwort besagt, dass der Mensch nur dann die Wahrheit sagt, wenn er wütend ist. Wie viele nicht durchdachte Aussagen haben Sie schon in Rage oder aus Trotz getätigt, obwohl Sie sie nicht so gemeint haben oder besser für sich behalten hätten? Wer sich nicht unter Kontrolle hat, dem rutscht so manches Missgeschick heraus. Wer jedoch besonnen reagiert, der wird für seinen kühlen Kopf wertgeschätzt und respektiert.

Aber nicht nur das verbessern Sie mit mehr Gelassenheit. Auch Hindernissen und Herausforderungen werden Sie mit einer neuen Leichtigkeit begegnen. Wenn Sie in sich selbst ruhen, werden Ihnen Fehler oder Schicksalsschläge nicht mehr so viel ausmachen oder gar nicht erst passieren. Und anstatt sich dem Frust hinzugeben, werden Sie es danach einfach noch einmal versuchen.

„Wer kämpft, kann verlieren. Wer nicht kämpft, hat schon verloren“, formulierte es Bertolt Brecht so treffend. Ein gelassener Mensch gibt nicht so leicht auf, denn er hat erkannt, dass er dadurch nur gewinnen kann.

KAPITEL 4
DER VERLUST DER GELASSENHEIT

Gelassenheit hilft also einem Menschen, mit seinem Schicksal umzugehen und positiv durch sein Leben zu gehen. Sie ist in jedem Bereich des Lebens wichtig, ob im Alltag, im Job, in der Liebe, in der Familie oder im sozialen Umgang mit anderen. Was geschieht aber mit dem Menschen, dem diese Fähigkeit fehlt? Wozu führt ein Mangel an Gelassenheit?

Von Mensch zu Mensch wirkt sich fehlende Gelassenheit auf unterschiedliche Weise aus. Für manche führt sie dazu, dass sie stets schlecht gelaunt sind und schöne Momente und Erlebnisse nicht genießen, oft überhaupt nicht wahrnehmen können. Sie fühlen sich gestresst und sehen keine Möglichkeit, diesen Umstand zu ändern. Wenn sie einmal freie Zeit hätten, erkennen sie diese nicht und suchen sich sofort wieder eine neue Aufgabe, um sich wieder Sorgen machen zu können. In der extremsten Form führt diese fehlende Gelassenheit sogar zu cholerischen Neigungen, zu erhöhtem Blutdruck und Herzinfarktrisiko. Auf der anderen Seite verlieren Betroffene oft auch jegliche Lust am Leben und lassen sich durch jedes Hindernis verunsichern. Ihnen fehlt ein gesundes Selbstwertgefühl und sie sind konstanten Selbstzweifeln ausgesetzt. Die extremsten Ausuferungen dieses Mangels können zu Depressionen und dem sogenannten Burn-out-Syndrom führen. Das Erlangen von Gelassenheit ist also keineswegs ein unsinniges Unterfangen; denn ihr Mangel kann krank machen.

Fühlen Sie sich so, als ob Sie ein besseres Leben verdient hätten? Sind Sie der Meinung, dass Ihre Anstrengungen im Büro umsonst sind, weil Ihr Vorgesetzter Ihren Beitrag für die Firma nicht sehen kann? Oder denken Sie vielleicht, dass Sie in vielen Bereichen Ihres Lebens ein Versager sind?

Wenn die Antwort auf eine dieser Fragen „Ja" lautet, dann beantworten Sie folgende Frage: „Haben Sie jemals versucht, Ihre Gewohnheiten zu bewerten, um erkennen zu können, ob sie Sie ausbremsen?" Gewohnheiten spielen eine große Rolle dabei, wo wir gerade sind und wo wir in der Zukunft sein werden. Genau aus diesem Grund müssen Sie auf Ihre Gewohnheiten achten und damit anfangen negative durch positive zu ersetzen.

Wenn Sie glauben, dass Sie dazu bereit sind, Ihr Leben zu verändern, dann schätzen Sie sich selbst ein. Sehen Sie nach, ob Sie einige der nun folgenden negativen Gewohnheiten an den Tag legen:

Prokrastination

Sie mögen vielleicht denken, dass das Aufschieben von Dingen keine allzu große Wirkung auf Ihr Leben hat. Prokrastinieren bedeutet jedoch verschwendete Zeit – und verschwendete Zeit bedeutet, dass Gelegenheiten an Ihnen vorbeiziehen. Das verschafft oft Druck und vorbei ist es mit der Gelassenheit.

„Ja"-Sagen

Sie denken, dass es Ihnen irgendwann eine Beförderung einbringt, wenn Sie zu Ihrem Chef ständig „Ja" sagen, stimmt's? Nun, zu einem gewissen Grad stimmt das auch – bis Ihnen die Aufgaben und die Gefallen zu viel werden und Sie schließlich sich und andere Leute enttäuschen. Haben Sie keine Angst davor „Nein" zu sagen, insbesondere wenn Sie das Gefühl haben, sowieso schon mehr als genug zu tun zu haben.

Muten Sie sich nicht mehr zu, als Sie tatsächlich schaffen können!

Ein Perfektionist sein

Ja, es ist in Ordnung nach Perfektion zu streben. Wenn Sie jedoch zu oft das Gefühl haben, dass alles perfekt sein muss und Ihnen jeder die Ergebnisse liefern soll, die Sie dementsprechend erwarten, dann wird das zum Problem. Haben Sie keine Angst davor, Fehler zu machen. Wenn die Dinge immer perfekt sind, bekommen Sie auch niemals die Chance, zu wachsen und aus Ihren Fehlern zu lernen.

Multitasking

Ziemlich überraschend, oder? Wenngleich auch viele Leute darauf schwören, dass sie mit Multitasking mehr Dinge gleichzeitig geschafft bekommen, sind Experten anderer Meinung. Sie glauben, dass Multitasking dazu führt, dass Sie qualitativ minderwertige Ergebnisse abliefern. Das liegt daran, dass sich unser Gehirn nur auf eine begrenzte Anzahl Dinge auf einmal konzentrieren kann. Sie werden produktiver sein und herausragende Ergebnisse abliefern, wenn Sie sich darauf konzentrieren, eine Sache nach der anderen zu erledigen.

Das Glas als halb leer sehen

Pessimismus oder ständiges negatives Denken ist der Hauptgrund, warum Sie Ihr Leben nicht genießen können. Nicht nur das: Pessimismus kann ebenfalls Ihre Beziehungen negativ beeinflussen und, was sogar noch schlimmer ist, gesundheitsschädlich sein. Laut Experten kann das Hegen negativer Gedanken Ihr Immunsystem beeinflussen, was Sie anfällig für Gesundheitsprobleme wie Angstgefühle und Depressionen macht.

Lügen

Einige von uns denken, dass Lügen bzw. die Wahrheit zu verschleiern uns vor Ärger und Problemen bewahrt. Wir wissen aber, dass Lügen immer noch größere Probleme für uns verursachen können – insbesondere, wenn wir dabei erwischt werden. Denken Sie daran, es ist stets einfacher die Wahrheit zu sagen, als sich eine Lüge zu merken.

Zu viel Wert auf die Meinung anderer legen

Es ist absolut in Ordnung, ab und zu anderen Menschen zuzuhören oder um einen Rat zu bitten. Wenn es Ihnen jedoch zu viel bedeutet, was andere Menschen über Sie denken, dann könnten Sie möglicherweise vergessen, was Ihnen am wichtigsten ist. Sich die Meinung anderer Menschen anzuhören ist o. k., denken Sie aber daran, dass Sie selbst für Ihr Leben verantwortlich sind. Sie werden immer der Einzige sein, der sich den Konsequenzen aus den Dingen, die Sie im Leben tun, stellen muss.

Impulsiv sein

Impulsiv sein könnte bedeuten, dass Sie Entscheidungen treffen, die Sie im Nachhinein bereuen. Ein Beispiel für Impulsivität ist, sich vom „Sonderangebotswahn" mitreißen zu lassen. Selbst wenn Sie denken, dass Sie ein Schnäppchen machen, wenn Sie Sachen im Sonderangebot kaufen, bedeutet das oftmals nicht, dass Sie die Sachen momentan überhaupt brauchen. Bevor Sie etwas aus einem Impuls heraus kaufen, nehmen Sie sich besser eine Minute Zeit, um darüber nachzudenken, ob es sich dabei wirklich um einen Artikel handelt, den Sie auch brauchen. So werden Ihre Schränke letztlich nicht mit Dingen vollgestopft sein, die Sie nicht einmal benötigen.

Rauchen und Trinken

Das ist eigentlich eine Grundvoraussetzung und dennoch trinken einige Leute zu viel, während andere nicht ohne ihre Zigaretten auskommen wollen. Sie müssen sich jedoch der Kosten dieser Laster bewusst werden. Ärzte behaupten, dass sich nur durch das Rauchen einer einzigen Zigarette am Tag Ablagerungen in Ihren Blutgefäßen und Herzarterien bilden können. Wenn Sie zu viel Alkohol trinken (täglich mehr als eine Flasche Bier für Frauen und zwei Flaschen Bier für Männer), dann kann das zu Leberproblemen, hohem Blutdruck und sogar Krebs führen.

Nicht genug schlafen

Vielen Menschen fehlt heutzutage ein erholsamer Schlaf (6-8 Stunden). Selbst wenn Sie der Meinung sind, dass Ihnen eine Tasse Espresso auch dann die nötige Energie für den Tag geben könne, wenn Sie nicht genug Schlaf bekommen haben, ist ein gesunder Schlaf sehr wichtig für die Gesundheit. Er beeinflusst nicht nur unser Energieniveau und unsere Konzentration; zu wenig Schlaf könnte das Immunsystem schwächen, was Sie für allerlei Krankheiten anfällig macht.

Sich mit Junkfood vollstopfen

Es ist klar, dass Sie bereits wissen, dass das Vollstopfen mit Nahrungsmitteln, die voll von Fett und Zucker sind, schlecht für die Gesundheit ist. Ja, Sie fühlen sich nach dem Verdrücken einer Tüte Chips gesättigt; diese Nahrungsmittel werden jedoch als „inhaltslose Kalorienquellen“ bezeichnet: sie enthalten keine Vitamine und Mineralien, was im Umkehrschluss bedeutet, dass Sie genau das essen, was der Name dieser Nahrungsmittel bereits vermuten lässt – Junk, also Müll.

Und gerade, weil diese Nahrungsmittel so viel Zucker und schlechte Fette beinhalten, kann deren Verzehr Ihren Cholesterinspiegel erhöhen, was schließlich zu Diabetes und Herzkrankheiten führen könnte.

Sinnloses Essen

Viele Leute neigen dazu unter Stress ein sinnloses Verlangen nach Essen zu entwickeln, selbst wenn sie gar nicht hungrig sind. Experten nennen das Stressessen. Der große Nachteil des Stressessens ist, dass viele Menschen dann nach Essen für die Seele suchen – auch bekannt als inhaltslose Kalorienquellen. Diese Gewohnheit kann langfristig dazu führen, dass Sie zunehmen und aufgrund des hohen Fett- und Zuckergehalts dieser Lebensmittel für andere Gesundheitsprobleme anfällig werden.

Das Frühstück auslassen

Nein, ein großer Karamellmacchiato von Starbucks gilt nicht als Frühstück. Wenn Sie zum Frühstück nur Kaffee trinken oder es gänzlich auslassen, dann verpassen Sie die wichtigste Mahlzeit des Tages. Nahrhafte Lebensmittel zum Frühstück zu sich zu nehmen, ist eminent wichtig, denn sie geben Ihren Körper damit genug Treibstoff, der für seine tägliche Energie verbrannt werden kann. Wenn Sie das Frühstück auslassen, dann neigen Sie dazu mehr zu Mittag, in Zwischenzeiten oder zu Abend zu essen, was sehr oft zu Gewichtszunahmen führen kann.

Nicht genug Wasser trinken

Neben einem gesunden Frühstück haben wir hier eine weitere Gewohnheit, die die meisten Menschen übersehen. Denken Sie daran, unser Körper besteht zu 66 % aus Wasser, was natürlich bedeutet, dass er ausreichend mit Flüssigkeit versorgt werden muss, um in Topform zu sein. Ärzte empfehlen, acht 250 ml Gläser Wasser pro Tag zu trinken. Wenn Sie nicht ausreichend Wasser trinken, wird Ihr Körper dehydriert, was schließlich zu Erschöpfung führt. Abgesehen davon kann das auch Probleme im Verdauungssystem, Geschwüre und Gewichtszunahme zur Folge haben.

Zu viel Zeit vor dem Fernseher verbringen

Zu viel Zeit vor dem Fernseher zu verbringen und fast den ganzen Tag mit hängenden Schultern auf der Couch zu sitzen, kann Sie einem erhöhten Risiko aussetzen, Augen- oder Herzkrankheiten zu erleiden. Laut einiger Studien erhöht das Herumsitzen vor dem Fernseher die Wahrscheinlichkeit, übergewichtig oder gar fettleibig zu werden. Und wir wissen wahrscheinlich alle, dass das wiederum Gesundheitsprobleme sind, die zu weiteren ernsthaften Krankheiten führen können. Auch strengt es die Augen sehr an und kann sie schädigen, was natürlich möglicherweise Probleme mit Ihrer Sehkraft verursacht.

Haben Sie eine der genannten schlechten Gewohnheiten? Jetzt, da Sie die Gewohnheiten kennen, die Sie ändern sollten, diskutieren wir im nächsten Kapitel diejenigen, die Sie entwickeln sollten.

KAPITEL 5
GEWOHNHEITEN, DIE SIE WEITERBRINGEN

Gewohnheiten sind der Hauptgrund, warum wir das tun, was wir tun. Sie sollten aktiv daran arbeiten, positive Gewohnheiten zu entwickeln, wenn Sie Ihr Leben zum Guten verändern oder Ihre Ziele erreichen möchten. Nachfolgend finden Sie einige Beispiele guter Gewohnheiten, die Ihr Leben mit Sicherheit in die Richtung lenken werden – die Richtung, die Sie sich wünschen:

Haben Sie eine Vision

Glauben Sie an das Gesetz der Anziehung, also daran, dass das, worauf wir unseren Geist lenken, mit Sicherheit irgendwann in unserem Leben eintreten wird? Deswegen sollten Sie sich, wenn Sie ein Ziel haben (beispielsweise in Ihrem Unternehmen aufzusteigen) jeden Tag kurz die Zeit nehmen, in der Sie sich bildlich vorstellen, wie Sie Ihr Ziel erreichen.

Visualisieren Sie, wie Sie ein eigenes Büro haben, Entscheidungen für Ihre Firma treffen und, was das Wichtigste ist, wie zufrieden Sie sich durch Ihren erreichten Karriereerfolg fühlen. Je öfter Sie das machen, desto mehr werden Sie dazu motiviert, an Ihrem Ziel zu arbeiten.

Lernen Sie es, zuzuhören

Ein essenzieller Faktor für eine effektive Kommunikation ist Zuhören. Sie tun vielleicht so, als ob Sie Ihrem Gesprächspartner zuhören, in Wirklichkeit sind Sie aber viel zu sehr mit Ihren eigenen Gedanken beschäftigt. Wie aber wollen Sie von anderen Menschen etwas lernen, wenn Sie ihnen nicht zuhören? Aus diesem Grund ist die Fähigkeit des Zuhörens zu entwickeln, eine der Gewohnheiten, die Sie unbedingt aufbauen sollten. Wenn Sie aktiv zuhören, erhalten Sie möglicherweise Informationen, die Sie dazu inspirieren können, erfolgreich zu sein.

Seien Sie freundlich zu anderen

Einige Personen, die zu sehr auf ihre eigenen Ziele konzentriert sind, neigen dazu auf anderen Personen herumzutrampeln, sodass sie auf der Karriereleiter aufsteigen können. Seien Sie aber bitte nicht so. Lassen Sie anderen Menschen stets Höflichkeit und Freundlichkeit zukommen, egal ob sie da sind, um Ihnen zu helfen oder nicht. Dadurch werden Sie sich einen guten Ruf erarbeiten, mehr Freundschaften schließen und mit sich selbst im Reinen sein, da Sie keinerlei Konflikte mit anderen haben. Gutes Karma wird sie also mit Sicherheit umgeben, wenn Sie diese Gewohnheit entwickeln.

Üben Sie sich in Dankbarkeit

Wenn Sie sich in der Gewohnheit üben, zu kleinen und großen Dingen immer danke zu sagen, dann werden Sie dazu neigen, sehr mit sich zufrieden sein. Dankbar zu sein lässt Sie erkennen, wie viel Glück Sie eigentlich haben – das wird Sie immer in eine gute Stimmungslage versetzen. Abgesehen davon behaupten Psychologen, dass dankbare Menschen nachts besser schliefen und stärkere und lang anhaltende Beziehungen zu anderen Menschen hätten.

Denken Sie positiv

Im Vergleich zu Pessimisten sind positiv denkende Menschen dazu in der Lage ein volles Leben zu leben. Natürlich werden, auch wenn Sie positiv denken, ab und an Probleme auftreten. Was Sie jedoch von den negativen Menschen unterscheidet, ist, dass Sie Lösungen für Ihre Probleme finden werden und besser mit Stress umgehen können. Das liegt daran, weil Sie immer das

Licht am Ende des Tunnels erkennen können. Abgesehen von diesem Vorteil zeigen einige Studien, dass positives Denken tatsächlich gut für die Gesundheit ist. Das Risiko eine Herz-/Kreislauferkrankung zu entwickeln, wird reduziert, genauso wie, andere psychologische Probleme, wie Depressionen, auszubilden.

Lächeln Sie

Vielleicht haben Sie schon einmal den Spruch „Man braucht mehr Muskeln zum Lächeln, als zum Stirnrunzeln" gehört. Das stimmt allerdings nicht wirklich. Laut Dr. David Song von der University of Chicago Medical Center braucht man tatsächlich mindestens 10 Muskeln für ein Lächeln und nur 6 für ein Stirnrunzeln. Die Wahrheit ist allerdings, dass es weniger Anstrengung erfordert zu lächeln, als die Stirn zu runzeln, denn wir sind mit dieser Fähigkeit so veranlagt und geboren, dass sogar blinde Babys lächeln können!

Wussten Sie, dass sogar ein unechtes Lächeln Ihre Stimmung heben kann? Das liegt daran, dass unser Gehirn, das bekanntermaßen unsere Emotionen bestimmt, nicht zwischen einem authentischen und einem unechten Lächeln unterscheiden kann. Das heißt, dass das Anspannen der Muskeln, die für ein Lächeln benötigt werden, Sie sich definitiv besser fühlen lässt – machen Sie es sich also zur Gewohnheit, so oft wie möglich Ihre schönen Zähne zu zeigen!

Halten Sie eine Routine ein

Sollten Sie es sich zum Ziel gesetzt haben, produktiver zu werden, dann ist die Einhaltung einer Routine eine Gewohnheit, die Sie auf jeden Fall entwickeln sollten. Routinen machen uns das Leben einfacher, denn Sie haben oftmals schon eine feste Anzahl Aufgaben, die Sie in einem gewissen Zeitraum erledigen müssen. Mit einer Routine können Sie diese Dinge schneller schaffen, denn Sie wissen ja schon, was vor Ihnen liegt, was im Umkehrschluss wiederum bedeutet, dass Sie Ihr Leben besser unter Kontrolle haben.

Treiben Sie täglich Sport

Abgesehen davon, dass uns regelmäßige körperliche Aktivität fit hält und den Aufbau unnötiger Extrakilos in Grenzen hält, tut Sport noch eine Menge weiterer guter Dinge, die für unser gesamtes Wohlbefinden vorteilhaft sind. Einige Studien haben belegt, dass regelmäßiger Sport die Produktion des Hormons Endorphin ansteigen lässt – durch dieses Hormon bleiben wir glücklich und in guter Stimmung. Außerdem ist Sport ein tolles Mittel, um die Symptome einer Depression zu lindern.

Abgesehen davon fördert körperliche Aktivität auch die geistige Leistungsfähigkeit und schärft das Gedächtnis.

Ernähren Sie sich gesund

Das mag für Sie jetzt vielleicht etwas überraschend sein, aber der Prozess des Abnehmens besteht nur zu 30 % aus Sport und zu 70 % aus der Ernährung. Viele Stunden am Stück auf dem Laufband zu verbringen, wird keine große Wirkung zeigen, solange Sie weiterhin eine schlechte Ernährungsweise mit ungesunden Lebensmitteln verfolgen. Deswegen sollten Sie sehr auf die Art der von Ihnen konsumierten Lebensmittel achten, wenn Sie entweder abnehmen oder einfach nur gesünder leben wollen. Die Daumenregel, die von vielen Ernährungsberatern dabei gegeben wird, lautet, viel verschiedenfarbiges Obst und Gemüse auf den Teller zu bringen zusammen mit einer gesunden Portion Eiweiß und Getreide.

Trinken Sie mehr Wasser

Wie Sie bereits wissen, empfehlen Ärzte täglich 8 Gläser bzw. 2 Liter Wasser zu trinken (Limonade, Kaffee oder Alkohol zählen nicht dazu). Das hat den Grund, dass unser Körper zu einem Großteil aus Wasser besteht und entsprechend eine adäquate Menge benötigt, um richtig zu funktionieren.

- Wasser trinken hilft Ihnen dabei, zu denken und sich besser zu konzentrieren – das liegt daran, weil das Gehirn zu 90% aus Wasser besteht und deshalb adäquate Mengen benötigt, um aufgeweckt zu bleiben.

- Haben Sie öfter Kopfschmerzen? Greifen Sie dann noch nicht gleich zur Schmerztablette. Wussten Sie, dass das Trinken von ein paar Gläsern Wasser Kopfschmerzen lindern und sogar verhindern kann? Kopfschmerzen haben nicht selten eine Dehydrierung als Ursache – trinken Sie also täglich viel Wasser!

- Durch das Trinken von viel Wasser können ebenfalls die im Körper angesammelten Giftstoffe besser über den Schweiß oder den Urin ausgespült werden. Das verhindert die Ausprägung von Krankheiten, die aufgrund von schädlichen Giften im Körper entstehen können.

Stehen Sie früh auf

Produktivitätsexperten behaupten, dass Menschen, die bei Morgengrauen aufstehen, mehr Dinge geschafft bekämen, als diejenigen, die ein wenig länger im Bett blieben. Das liegt daran, weil der Morgen die Tageszeit ist, zu der unser Körper am frischesten ist und über das höchste Energieniveau verfügt. Das erleichtert uns natürlich das Erledigen unserer Aufgaben.

Bleiben Sie up-to-Date

Viele erfolgreiche Personen auf der ganzen Welt haben es sich zur Gewohnheit gemacht, informiert zu bleiben und stets über die neuesten Nachrichten im Bilde zu sein. Bill Gates, einer der reichsten Menschen der Welt, legt absolute Priorität darauf, täglich eine Dosis der wichtigsten Nachrichten zu erhalten. Dazu liest er die New York Times, das Wall Street Journal und den Economist – und zwar angeblich immer komplett von vorne bis hinten. Bei einem Interview mit Rolling Stones sagte Barack Obama, dass er seinen Tag damit beginnt, indem er die New York Times, die Washington Post und ebenfalls das Wall Street Journal liest.

Verbringen Sie gemeinsame Zeit mit der Familie

Ganz gleich wie beschäftigt Sie auch sind, es ist absolut wichtig, dass Sie in Ihrem Tagesplan täglich Platz für gemeinsame Zeit mit Ihrer Familie machen. Selbst wenn das bedeutet, ein herzliches Frühstück oder ein üppiges Abendessen zusammen zu essen, einen Nachmittag im Park zu verbringen, oder vor dem Fernseher ein wenig zu kuscheln und die neueste Folge Ihrer Lieblingsserie zu schauen – gemeinsame Zeit ist wichtig.

Psychologen sind auch der Ansicht, dass es das Selbstwertgefühl Ihrer Kinder stärken kann, wenn Sie mehr Zeit mit ihnen verbringen. Außerdem können sie dadurch positive Verhaltensweisen entwickeln, eine starke Verbindung zwischen Eltern und Kindern aufbauen und, was das Wichtigste ist, glückliche Erinnerungen schaffen.

Entrümpeln Sie

Ob es nun Materielles ist (wie nicht mehr getragene Kleidung, bereits abgelaufene Lebensmittel, alte Zeitschriftenstapel), oder die Abkehr von Emotionalem und mentalem ist – Entrümpeln ist eine weitere Gewohnheit, die Sie für sich entwickeln sollten. Das wird Sie von genau den Dingen befreien, der für Sie so überwältigend erscheinen mag und in Ihnen Stress verursacht. Entrümpeln hilft Ihnen dabei, Ihren Geist zu klären und im „hier und jetzt“ zu leben.

Wenn Sie dazu bereit sind, eine Veränderung in Ihrem Leben zu unternehmen, dann lesen Sie im nächsten Kapitel weiter, um zu erfahren, wie Sie Ihre Gewohnheiten vom Negativen ins Positive umwandeln können.

KAPITEL 6
ROUTINEN, DIE IHRE PRODUKTIVITÄT VERBESSERN

Neben den guten Gewohnheiten, die im letzten Kapitel besprochen wurden, wird es ebenfalls sehr hilfreich für Sie sein, wenn Sie um einige der Gewohnheiten Bescheid wissen, die Ihre Produktivität verbessern – insbesondere bei der Arbeit. Nachfolgend finden Sie einige der besten Praktiken der erfolgreichsten Menschen:

Kommen Sie früh ins Büro

Möchten Sie wissen, wie Führungskräfte dazu in der Lage sind, eine ganze Menge der ihnen vorgesetzten Aufgaben zu managen? Sie schaffen das, indem Sie sehr bald mit der Arbeit anfangen. Wenn Sie Priorität darauflegen, mindestens eine Stunde eher ins Büro zu kommen, dann können Sie zunächst ein wenig die Stille genießen, bevor jeder andere Kollege auf die Arbeit geht. Das ist die beste Zeit zum Reflektieren, um wichtige Entscheidungen zu treffen und um über Ihre anstehenden Aufgaben nachzudenken, ohne dass Sie mit zahlreichen Ablenkungen bombardiert werden. Brett Yomark, der Geschäftsführer von New Jersey Nets, legt großen Wert darauf bereits um 04:30 Uhr morgens im Büro zu erscheinen. In diesen frühen Stunden nimmt er sich die Zeit motivierende E-Mails an seine Belegschaft zu schicken.

„Essen Sie den Frosch zuerst“

Der Hauptgrund, warum Aufgaben im Büro nicht erledigt werden, ist, Prokrastination, also das Aufschieben von Arbeit.

Der Motivationsredner und Autor Brain Tracy schlägt eine Methode vor, die nachweislich Prokrastination verhindert: den „Frosch" gleich als allererstes am Morgen zu essen. Tracy meint damit, dass Sie die „hässlichste" oder schwierigste Aufgabe gleich morgens angehen müssen. Nachdem Sie das gemacht haben, wird jede andere Aufgabe, die danach folgt, Ihnen viel leichter fallen.

Legen Sie Büroarbeiten auf den Nachmittag

Studien über Büroproduktivität haben gezeigt, dass die Willenskraft eines Mitarbeiters seine Aufgaben zu erledigen, morgens am höchsten ist. Deswegen ist es besser, die wichtigen Dinge gleich morgens anzugehen und die Büroaufgaben auf den Nachmittag zu verschieben.

Der Schöpfer von Dilbert, Scott Adams, wendet diese Technik tatsächlich an. In seinem Buch „Die Kunst des erfolgreichen Scheiterns" sagt Adams, er arbeite morgens an seinen Entwürfen, wenn seine Kreativität am höchsten ist und legt andere, weniger wichtige Aufgaben auf den Nachmittag.

Die Powerstunde

Sobald Sie im Büro sind, setzen Sie sich an Ihren Schreibtisch und starren eine Weile auf Ihren Monitor. Weil Sie sich noch nicht ganz bereit für die Arbeit fühlen, verbringen Sie die ersten paar Minuten im Internet, mit Nachrichtenlesen oder damit, auf nicht allzu dringende E-Mails zu antworten. Und nachdem Sie dann eine Weile herumgetrödelt haben fällt Ihnen auf, dass Sie bereits eine Stunde Ihrer Zeit aufgewendet haben. Ihnen wird auf einmal klar, dass Sie Ihre wertvollen Stunden am Morgen mit Nichtstun verbracht haben, anstatt sich wichtigen Aufgaben zu widmen. Was können Sie also tun, um das zu vermeiden?

Viele Experten meinen, dass Sie eine sogenannte Powerstunde einlegen müssen, um Ihre Produktivität im Büro zu steigern. Bei dieser Technik müssen Sie eine ganze Stunde nur mit der Erfüllung einer einzigen Aufgabe verbringen. Das heißt also,

Ihre komplette Aufmerksamkeit sollte nur auf diese Aufgabe gerichtet sein, und auf nichts anderes. Sie antworten auf keine E-Mails oder Anrufe in dieser Zeit und legen keine Toiletten- oder Zigarettenpausen ein. „Wenn Sie das tun, dann zwingen Sie sich dazu, konzentriert zu bleiben“, sagt Kevin Fleming, der Gründer von Startup Workout. Legen Sie diese Powerhour am besten gleich früh am Morgen ein, denn Ihr Gehirn und Ihre Energie sind morgens auf dem höchsten Leistungsniveau.

Legen Sie Pausen ein

Wenn Sie der Meinung sind, dass ein Weglassen der Pause Sie produktiver macht, dann denken Sie bitte noch einmal nach. Unser Gehirn muss sich ab und zu einmal ausruhen, genau wie unsere Muskeln auch. Wenn Sie über mehrere Stunden hinweg am Denken sind oder Ihren Kreativitätsfluss ausschöpfen, dann schreit Ihr Gehirn gewissermaßen schon nach einer Pause. Laut Experten reicht sogar schon eine fünfminütige Pause aus, um dabei zu helfen, Ihr Gehirn wieder aufzuladen und Ihr Energieniveau und Ihre Kreativität wiederherzustellen.

Halten Sie Ihren Schreibtisch in Ordnung

Eine in einer Personalvermittlungsagentur in den Vereinigten Staaten durchgeführte Umfrage kam zu dem Ergebnis, dass die meisten Angestellten unordentliche Schreibtische mit unverantwortlichen Personen in Verbindung bringen, denen keine Aufgaben anvertraut werden können. Wenn Sie also ein professionelles Bild Ihres Arbeitsplatzes abgeben wollen, wäre es keine schlechte Idee, Ihren Arbeitsplatz übersichtlich zu halten. Es wäre nicht verkehrt, am Ende des Tages kurz Zeit für das Aufräumen Ihres Schreibtisches einzuräumen.

Vermeiden Sie Ablenkungen

Insbesondere in der heutigen Zeit, in der Ihnen das Durchstöbern von Facebook (dank Ihres Smartphones) sehr viel leichter gemacht wird, wird es immer schwieriger, dabei zu bleiben und sich auf Ihre Aufgaben zu konzentrieren. Wenn Sie jedoch eine Gewohnheit entwickeln, sich bewusst zu disziplinieren, um Ablenkungen zu vermeiden, dann wird Ihnen das sehr dabei helfen, produktiver zu werden.

Inzwischen wissen Sie um die besondere Rolle der Gewohnheiten in unserem Leben und wie entscheidend es ist, gute Gewohnheiten zu entwickeln, um ein glücklicheres Leben zu führen. Wichtig ist die Erkenntnis, dass Gewohnheiten ein direktes Ergebnis unserer Handlungen sind. Sie sind nicht angeboren, sondern sie werden durch unser wiederholtes Verhalten in einer bestimmten Situation erst geformt. Aber egal, wie sehr Gewohnheiten in unserem Leben bereits verwurzelt sind: es besteht immer die Chance, sie zu ändern. Das bedeutet also: Es gibt einen Weg, um negative Gewohnheiten in positive umzuwandeln. Die Frage ist somit nur: wie?

KAPITEL 7
UNSITTEN ÄNDERN ODER ABGEWÖHNEN

Eine Studie des MIT hat den Begriff „Gewohnheitsschleife“ geprägt. In seinem Buch „Die Macht der Gewohnheit“ beschreibt Charles Duhigg diesen Begriff als einfache neurologische Schleife, die den Kern einer jeden Gewohnheit darstellt. Die Gewohnheitsschleife besteht aus drei verschiedenen Teilen: dem Reiz, der Routine und der Belohnung.

Die Forscher erklären, dass der Reiz eine bestimmte Situation oder ein bestimmter Umstand ist, welcher bzw. welche die Gewohnheit auslöst. Die Routine auf der anderen Seite ist die Handlung oder das Verhalten, mit der bzw. dem auf den Reiz reagiert wird; und schließlich ist die Belohnung die „Sache“ die Ihnen Befriedigung verleiht, wenn Sie die Gewohnheit ausführen.

Zum Beispiel geht Alex jedes Mal, wenn er mit dem Mittagessen fertig ist, nach draußen und zündet sich mit seinen Freunden eine Zigarette an. Anschließend macht er mit seiner gewöhnlichen Arbeitsroutine weiter. Wenngleich er auch kein starker Raucher ist, hat ihm sein Arzt bereits geraten mit dem Rauchen aufzuhören, weil das Risiko besteht, dass er Asthma entwickeln könnte. Was macht Alex also? In seinem Buch beschreibt Duhigg, dass es sehr wichtig ist, alle drei Teile der Gewohnheitsschleife zu bestimmten, wenn man eine Gewohnheit ändern möchte.

Der erste Schritt dabei ist, die Routine zu erkennen. Wenn Sie sich Alex Gewohnheitsschleife des Rauchens betrachten, wäre es seine Routine, nach draußen zu gehen und sich eine Zigarette anzuzünden. Der zweite Schritt ist die Belohnung zu identifizieren. Befriedigt das Rauchen seine körperliche Sucht nach Nikotin? Oder genießt er nur die Unterhaltung mit den Freunden, die zusammen mit ihm rauchen? Der letzte von Duhigg nahegelegte Schritt ist es schließlich, den Reiz zu erkennen. Was könnte der „Auslöser" sein, der Alex nach dem Mittagessen zum Rauchen veranlasst? Um einen Reiz zu bestimmen, müssen Sie sich die folgenden Kategorien betrachten: emotionaler Zustand, Ort, Zeit, Menschen, und die Reaktion, die dem Auslöser direkt vorausgeht.

Wenn wir uns Alex gewohnheitsmäßigen Reiz ansehen, könnte das Gefühl eines vollen Magens die Ursache sein, dass er nach draußen geht und sich eine Zigarette anzündet. Das liegt nicht an seiner Nikotinsucht, sondern einfach nur daran, dass er fünf weitere Minuten Pause machen möchte, bevor er sich wieder an seinen Schreibtisch setzt.

Wenn das nun der Fall ist, könnte Alex tatsächlich mit dem Rauchen aufhören, wenn er nach anderen Wegen sucht, sich vom Anzünden einer Zigarette abzulenken. Anstatt nach draußen zu gehen, könnte er wahrscheinlich auch ein paar Minuten im Büro verbringen und sich mit jemandem unterhalten oder Musik hören, um sich zu entspannen, bevor er direkt mit der Arbeit weitermacht. Natürlich wird es, wie mit anderen Gewohnheiten auch, etwas Zeit brauchen, bevor Alex seine Gewohnheit des Rauchens komplett ablegen kann. Die Identifizierung der verschiedenen Komponenten der Gewohnheitsschleife ist dabei aber sehr wichtig, denn dadurch wird er mehr Kontrolle über seine Handlungen erlangen.

Wenn Sie also eine Gewohnheit ändern wollen, dann identifizieren Sie die Gewohnheit als Erstes über die Gewohnheitsschleife. Versuchen Sie zu erkennen, was Sie dazu bringt, die Gewohnheit auszuführen und suchen Sie im Anschluss nach Möglichkeiten die Gewohnheit zu ändern.

Die 21-Tage-Herausforderung

1960 hat Maxwell Maltz, ein plastischer Chirurg, ein Buch namens „PsychoCybernetics" veröffentlicht. Darin sind seine Beobachtungen enthalten, wie Patienten sich auf Veränderungen in ihrem Körper einstellen. Demnach konnten sich Patienten, die sich körperlichen Veränderungen unterzogen haben (wie beispielsweise einer Brustvergrößerung oder einer Nasen-OP), nach 21 Tagen an diese Veränderung in ihrem Körper anpassen. Er beobachtete ebenfalls sein eigenes Verhalten und stellte fest, dass auch er sich nach 21 Tagen an Veränderungen anpassen konnte. Dadurch, dass Maltz Theorie so gewaltigen Anklang fand, haben viele Selbsthilfeautoren ihre Theorien darauf aufgebaut und geschlussfolgert, dass eine Gewohnheit in 21 Tagen gebildet oder geändert werden kann.

Was die meisten Autoren jedoch leider nicht erkennen ist, dass Maltz Theorie besagt, die Anpassung an die Veränderung komme erst NACH 21 Tagen und nicht IN 21 Tagen. Das bedeutet, dass es nach 21 Tagen Gewohnheitsbildung oder -änderung noch längst nicht sicher ist, dass die Gewohnheit schon vollständig im Gehirn eingebettet ist. Tatsächlich sind 21 Tage ein guter Wert für den Anfang, Ihre schlechten Gewohnheiten umzuwandeln.

Suchen Sie sich dazu eine Gewohnheit aus, die Sie ändern möchten. Im Anschluss daran müssen Sie diese Gewohnheit anhand der Gewohnheitsschleife analysieren und sich einen Plan erstellen, wie Sie die Gewohnheit kontrollieren können, wenn der Reiz einmal wieder auftritt.

Während dieser Zeit markieren Sie in einem Kalender die Tage 1-21 und schreiben dort Ihre Gedanken über die Veränderung, die Sie gerade durchmachen, nieder. Sie können natürlich auch ein Tagebuch führen, wenn Sie das möchten. Das ist sehr wichtig, denn das Aufschreiben wird Ihnen dabei helfen, Ihre Errungenschaften zu verfolgen und Sie dazu anhalten, am Ball zu bleiben.

KAPITEL 8
SO PFLEGEN SIE GUTE GEWOHNHEITEN

Jetzt da Sie wissen, wie Sie daran arbeiten können, schlechte Gewohnheiten in Gute umzuwandeln, ist es wiederum etwas ganz anderes, eine gute Gewohnheit auch beizubehalten. Es stimmt schon, es wird relativ leicht sein, die Veränderung über ein paar Tage, vielleicht sogar ein paar Wochen aufrechtzuerhalten – wenn die Zeit jedoch weiter vergeht, müssen Sie damit rechnen, dass der Kampf gegen die schlechte Gewohnheit wieder etwas schwieriger wird. Was können Sie also tun?

Rufen Sie sich den Zweck wieder ins Gedächtnis

Wenn Sie beispielsweise erkennen, dass Sie sich nach einem guten Zug an einer Zigarette sehnen, dann erinnern Sie sich daran, warum Sie überhaupt mit dem Rauchen aufhören wollten. Liegt es daran, dass Sie damit anfangen möchten gesund zu leben? Oder liegt es daran, dass Sie nicht möchten, wie Ihr Kind Ihnen beim Ausprägen und Ausleben einer Sucht zusieht? Was auch immer der Grund sein mag, es wird Ihnen sehr helfen, wenn Sie sich stets daran erinnern, warum Sie Ihre Gewohnheiten überhaupt ändern möchten. Wie schon im letzten Kapitel kurz angesprochen, wenn Sie Tagebuch über Ihre Veränderung führen werden Sie viel besser dranbleiben können.

Nur eine Gewohnheit auf einmal

Gewohnheiten abzulegen und neu auszuprägen ist schwierig – selbst wenn es sich nur um eine einzige Gewohnheit handelt. Wenn Sie also versuchen mehrere schlechte Gewohnheiten auf einmal abzulegen, werden Sie höchstwahrscheinlich scheitern. Nicht jeder ist dafür gemacht, seinen Lebensstil komplett umzukrempeln. Wenn Sie bei dieser Sache also erfolgreich sein möchten, dann reduzieren Sie Ihren Anspruch. Konzentrieren Sie sich nur auf eine einzige Gewohnheit und gehen Sie erst zur nächsten über, wenn Sie sich dazu bereit fühlen.

Üben Sie täglich

Denken Sie daran, dass Beständigkeit bei der Ausprägung einer neuen Gewohnheit sehr wichtig ist – üben Sie also jeden Tag! Die Verbindungen in unserem Gehirn, die für die Bildung von Gewohnheiten zuständig sind, werden stärker, wenn wir Dinge wiederholt tun. Wenn Sie also die Gewohnheit entwickeln möchten früh aufzustehen, dann machen Sie das 21 Tage lang in Folge. Danach werden Sie sehen, dass es gar nicht mehr so schwierig ist früh aus dem Bett zu steigen.

Verpflichten Sie sich zur 21-Tage-Herausforderung

Wenn eine Änderung auf Lebenszeit etwas einschüchternd auf Sie wirken mag, dann können Sie auch erst einmal klein anfangen und sich der Herausforderung stellen, sich einer 21-tägigen Gewohnheitsänderung zu unterziehen. Gehen Sie die Dinge eins nach dem anderen an. Sie werden sehen, dass diese Verhaltensmuster / Gewohnheiten nach dieser „Konditionierungsphase“ an Ihnen wie Kleber haften bleiben werden.

Machen Sie keine Ausreden

Wenn es Ihr Ziel ist täglich Sport zu treiben, dann dürfen Sie keinen Platz für Ausreden lassen. Ja, es ist manchmal schwer von der Couch aufzustehen, insbesondere wenn gerade Ihre Lieblingsserie läuft. Wenn Sie die Veränderung in Ihrem Leben jedoch ernst nehmen, dann müssen Sie sich zum Erreichen Ihres Ziels auch verpflichten.

Lenken Sie Ihre Aufmerksamkeit ab

Es mag zwar sehr schwer sein, schlechte Gewohnheiten komplett abzulegen – es ist jedoch möglich, ihnen den Rücken zu kehren. Wenn Sie beispielsweise mit der Gewohnheit aufhören möchten, über sehr lange Zeiträume vor dem Fernseher zu hocken, wird das viel einfacher werden, wenn Sie eine Tätigkeit finden, die Sie ablenkt – z. B. ein Spaziergang. Das wird Ihnen nicht nur dabei helfen die schlechte Gewohnheit zu brechen; draußen zu laufen und die frische Luft zu genießen kann gleichermaßen gut für Ihre körperliche, emotionale und mentale Gesundheit sein.

Vermeiden Sie Versuchungen

Wenn Sie ständig Junk Food im Schrank aufbewahren, wird es schwer Ihre Essgewohnheiten zu ändern. Um sich nicht der Versuchung hingeben zu müssen Junk Food zu essen, könnten Sie Ihre Speisekammer doch ausmisten und sämtliche ungesunden Lebensmittel entsorgen. Danach können Sie einkaufen gehen und sie wieder mit gesunden und nahrhaften Snacks auffüllen.

Seien Sie hartnäckig

Nicht jeder wird gleich beim ersten Versuch, eine Gewohnheit abzulegen, erfolgreich sein. Wir alle kennen einen Menschen, der schon unzählige Male versucht hat, z. B. mit dem Rauchen aufzuhören. Erfolgreich ist nur der Hartnäckige, der sein Laster mit Zähigkeit endlich ablegen kann.

Bitten Sie um Hilfe

Es wird immer einfacher sein sich einer Herausforderung zu stellen, wenn Sie jemanden dabei haben, der Sie unterstützt. Warum ermutigen Sie also nicht einfach Ihren Lebenspartner oder einen Freund dazu, die 21-Tage-Herausforderung gemeinsam mit Ihnen zu absolvieren? So haben Sie immer jemanden dabei, der Sie an Ihre Ziele erinnert, sollten Sie jemals den Fokus verlieren.

Visualisieren Sie

Wenn Sie eine Gewohnheit verfestigen wollen, dann müssen Sie schließlich noch sich selbst visualisieren, wie Sie die Gewohnheit geändert und Ihr Ziel bereits erreicht haben. Ist beispielsweise ein gesunder Lebensstil Ihr Ziel, dann stellen Sie sich vor, wie Sie die richtigen Lebensmittel zu sich nehmen, wie Sie Sport treiben und wie fit Sie aussehen. Immer wenn Sie das tun, werden Sie mit Sicherheit dazu inspiriert weiter daran zu arbeiten die Gewohnheit zu erlangen, die Sie letztlich auch beibehalten möchten.

KAPITEL 9
MIT MEDITATION ZU IHREM GELASSENEN SELBST

"Meditation ist ein Abenteuer — das größte, in das der menschliche Geist sich stürzen kann. Meditation heißt: einfach da sein, ohne irgendetwas zu tun — keine Handlung, kein Gedanke, keine Gefühlsregung. Du bist. Und das ist reines Entzücken. Woher kommt das Entzücken, da du doch gar nichts tust? Von nirgendwoher und von überall. Es kommt unverursacht, denn die Existenz ist aus dem Stoff, der Freude heißt".

Osho in "Das orangene Buch"

Dies ist eine wunderbare Definition der Meditation. Es geht bei der Meditation darum, den Geist zu konzentrieren und die Gedanken vorbeiziehen zu lassen. Ihnen keine Aufmerksamkeit zu geben, sie auch nicht verdrängen zu wollen, sondern sie loszulassen. Es geht darum, im Hier und Jetzt zu sein. Die Meditation ist die Übung der Stille und des Präsentseins. Es geht um Selbstliebe.

Es gibt viele Formen der Meditation: Meditationen in Stille, in Bewegung, traditionelle und moderne Meditationsarten. Ursprünglich entstammt die Meditation religiösen Traditionen. Heutzutage ist Meditation für den modernen Menschen eine Möglichkeit, abzuschalten und Energie zu tanken. Es ist keine bestimmte Glaubensrichtung nötig, um von den Vorteilen der Meditation profitieren zu können. Wie tief Sie einsteigen und sich entdecken möchten, bleibt Ihnen überlassen.

Osho, der indische Philosoph und Rebell, von dem oben die Rede war, war der Meinung, dass zunächst durch Bewegung nicht genutzte Energie zum Ausdruck gebracht werden musste. Er entwickelte verschiedene aktive Meditationen, die in Bewegung stattfinden. Auch Yoga und Tai Chi zählen zu den aktiven Meditationen. In diesem Buch finden Sie sowohl aktive als auch stille Meditationen. Bei den stillen Meditationen ist der Blick nach innen gerichtet, bei den aktiven Meditationen wird der Blick auf etwas im Äußeren gerichtet, z. B. auf bestimmte Bilder oder die Bewegung Ihrer Beine und Füße beim Gehen.

Es gibt angeleitete Meditationen, Meditationen, bei denen ein Mantra gesprochen wird, Mudra-Meditationen u. v. m. Tatsächlich kann jede Tätigkeit, die mit Liebe und voller Aufmerksamkeit ausgeführt ist, eine Meditation sein. Es geht also nicht um die Technik und darum, "richtig" zu meditieren, sondern darum, im Hier und Jetzt zu sein. Und das kann zu Beginn Herausforderung genug sein.

Mediation lässt sich durch Worte nur bedingt beschreiben. Das ist wie bei Geschmäckern oder Gerüchen. Versuchen Sie, den Geschmack einer Himbeere zu beschreiben. Es wird Ihnen nie gelingen. Natürlich können Sie es probieren und eventuell wird eine Idee dessen, was Sie meinen, beim Empfänger ankommen. Schmecken kann dieser die Himbeere nur selbst.

Damit Sie nun einen Geschmack von Meditation bekommen, fangen wir direkt mit einer an. Nehmen Sie sich hierfür circa 10 Minuten Zeit:

- Suchen Sie sich einen ruhigen Raum und einen gemütlichen Stuhl oder einen Platz am Boden. Grundsätzlich kann auch liegend meditiert werden, für den Beginn sollten Sie jedoch eine sitzende Position einnehmen.
- Setzen Sie sich mit aufrechter und entspannter Wirbelsäule hin. Falls Sie auf einem Stuhl sitzen, stellen Sie bitte die Füße auf den Boden. Falls Sie auf dem Boden sitzen, können Sie im Schneider- oder Lotussitz sitzen. Die Hände legen Sie entspannt auf die Beine oder die Knie.
- Schauen Sie nach vorne oder schließen Sie sanft die Augen.

- Lenken Sie die Aufmerksamkeit von außen nach innen. Fühlen Sie in ihren Körper hinein. Folgen Sie mit Ihrer Aufmerksamkeit Ihrem Atem. Beobachten Sie, wie er hineinströmt und wieder hinaus fließt. Verändern Sie nichts, beobachten Sie nur. Kommen Sie zur Ruhe.
- Beobachten Sie Ihre Gedanken und lassen Sie sie vorüberziehen. Der Verstand denkt ständig. Das ist seine Aufgabe und absolut okay. Aber Sie brauchen nicht auf alle diese Gedanken einzugehen. Lassen Sie sie vorüberziehen wie Wolken am Himmel.
- Horchen Sie jetzt in sich hinein. Wo in Ihrem Körper fließt es und wo fühlt es sich blockiert oder irgendwie anders an? Wie fühlen Sie sich? Können Sie dieses Gefühl in Ihrem Körper spüren? Bemerken Sie eine Verspannung, ein Festhalten? Verändern Sie nichts. Schenken Sie diesem Bereich liebevoll Aufmerksamkeit, indem Sie Ihren Atem dorthin lenken.
- Bleiben Sie so lange in der Meditation, wie es sich gut anfühlt und öffnen Sie dann langsam die Augen. Kommen Sie mit Ihrer Aufmerksamkeit zurück in den Raum.

Großartig! Das war Ihre erste Meditation. Mehr gibt es nicht zu tun.

Meditation ist quasi der Allroundhelfer für Gelassenheit, Wohlbefinden und körperliche Gesundheit. Wenn Sie beginnen, regelmäßig zu meditieren, werden Sie bald auch feststellen, wie vielfältig die positiven Auswirkungen der Meditation sind.

- Sie werden achtsamer und leben häufiger im Hier und Jetzt. Gedanken an gestern, letzte Woche und die Probleme von Übermorgen werden Ihnen durchaus durch den Kopf geistern. Sie werden aber mehr und mehr in der Lage sein, diese Gedanken auf ihren Platz in der Vergangenheit oder der Zukunft zu verweisen. Dadurch entsteht Freiraum im Denken und Fühlen. Durch weniger negative, sorgenvolle Gedanken erleben sie auch weniger belastende Gefühle, was wiederum

Raum schafft für Freude und Leichtigkeit und eine positive Stimmung.

- Sie werden gelassener. Dadurch, dass Sie mehr Bewusstsein entwickeln, werden Sie seltener im Autopilot reagieren und stattdessen atmen, fühlen und dann erst agieren. Diese Aktion wird aus dem Herzen kommen, da wir uns durch das Atmen und Fühlen mit dem Herzen verbinden. Situationen, in denen Sie sich früher geärgert hätten, werden zu Gelegenheiten, interessiert zu fühlen, was in Ihnen vorgeht und dann aus der Ruhe Ihres Innern reagieren und handeln zu können.
- Sie werden mehr Energie haben. Durch das Regelmäßige in sich kehren und zur Ruhe kommen, werden Geist und Körper geklärt und aufgeräumt. Es gibt weniger zu tun für den Organismus. Das ständige Denken benötigt sehr viel Energie und zehrt an den Kräften. Auch innere Konflikte, Sorgen und negative Gedanken rauben Energie. Diese Energie steht Ihnen nun zur freien Verfügung.
- Sie werden sich besser konzentrieren können. Das ergibt sich ganz logisch aus den o. g. Wirkungen und dem Wesen der Meditation. Genau das üben Sie dort: die Konzentration Ihres Geistes.
- Auch auf körperlicher Ebene ist die Meditation sehr wohltuend. Wissenschaftliche Studien bestätigen, dass Meditation positive Effekte z. B. bei hohem Blutdruck, hohem Cholesterinspiegel, einem zu hohen Blutzuckerspiegel und sogar bei Schmerzen haben kann. Durch das Konzentrieren auf Spannungen in bestimmten Körperteilen während der Meditation, können diese gelindert oder sogar ganz aufgelöst werden.

Meditation kann also für viele Menschen zahlreiche positive Effekte bringen. Kinder können bereits üben und Ältere ebenso. Sollten Sie unter einer psychotischen Störung, starken Ängsten, Depressionen oder Epilepsie leiden, ist Meditation für Sie eventuell nicht geeignet. In diesem Fall sollten Sie sich mit dem Arzt / der Ärztin Ihres Vertrauens besprechen.

Einen Einstieg haben Sie ja mit der ersten Meditation bereits gemacht. Viele Anfänger der Meditation denken, Sie müssten besondere Voraussetzungen schaffen, um meditieren zu können, sich jeden Morgen um 5.30 Uhr für 30 Minuten im Gewand gen Osten gewandt, Mantra singend zum Spirituellen wandeln. Das können Sie gerne tun, wenn Sie es mögen und es sich für Sie stimmig anfühlt. Es ist aber nicht nötig, um die Meditation und ihre vielen Vorteile genießen zu können.

Wenn es in Ihren Tagesablauf passt, ist es sinnvoll, eine regelmäßige Zeit, am besten morgens, für die Meditation einzuplanen. Zum einen gewöhnen Sie sich so daran, ein festes Ritual zu haben und es wird Ihnen immer leichter fallen, sich täglich die Zeit für Ihre Meditation zu nehmen. Ein weiterer Vorteil ist, dass Sie die innere Ruhe und Gelassenheit mit in den Tag nehmen und Sie gut mit sich selbst verbunden sein werden. Sie können z. B. einmal täglich zwanzig Minuten üben oder morgens 10 Minuten und abends 10 Minuten. Schauen Sie, wie es Ihnen gefällt.

Falls Sie einen unregelmäßigen Alltag haben oder morgens nicht können, machen Sie es zur Priorität, dass Sie sich täglich Zeit für Ihre Meditation nehmen. Am besten in ruhigen Phasen des Tages, aber wenn es nicht anders geht, werden Sie auch von einer Meditation zwischen zwei Business-Terminen profitieren. Die Hauptsache ist, dass Sie täglich üben. Wann und wo Sie das tun, steht Ihnen frei.

Auch die nächste Übung schafft Ruhe und Gelassenheit:

Atemzähl-Meditation

Die sogenannte Atemzähl-Meditation ist gut geeignet, wenn es Ihnen noch schwerfällt, mit Ihrer Aufmerksamkeit im Körper und bei der Atmung zu bleiben. Sie kann abends angewandt sehr effektiv beim Einschlafen helfen. Nehmen Sie sich zehn bis fünfzehn Minuten Zeit dafür. Wenn Sie möchten, stellen Sie einen Wecker.

Suchen Sie sich wieder einen geeigneten Platz, entweder liegend oder sitzend auf dem Boden oder auf einem Stuhl.

- Setzen oder legen Sie sich aufrecht hin, achten Sie dabei vor allem auf eine aufrechte Wirbelsäule. Die Hände liegen entspannt auf den Beinen, wenn Sie sitzen, oder liegen seitlich mit nach oben geöffneten Handflächen neben Ihrem Körper, falls Sie in liegender Position üben.
- Kommen Sie mit geöffneten Augen zur Ruhe, warten Sie bis Ihr Atem gleichmäßig wird und sie entspannter werden.
- Schließen Sie Ihre Augen und beobachten Sie Ihren Atem. Atmen Sie ein und zählen Sie beim Ausatmen auf 1. Atmen Sie ein und zählen Sie beim Ausatmen auf 2. So machen Sie ganz ruhig und in Ihrem Tempo weiter, bis Sie bei 10 angekommen sind.
- Dann beginnen Sie wieder bei 1 und zählen mit jeder Ein- und Ausatmung eine Zahl weiter bis zur 10 hoch.
- Wenn der Wecker klingelt oder Sie fertig sind, öffnen Sie langsam die Augen und gönnen sich noch ein bisschen Zeit, in sich hinein zu spüren und die Nachwirkungen der Meditation zu fühlen.

Herzlichen Glückwunsch! Sie haben Ihre zweite Meditation gemacht!

Mit diesen Tipps bleiben Sie dran!

Vielleicht kennen Sie das? Sie lesen etwas und sind Feuer und Flamme. Diese eine Entspannungstechnik, Diät, Sportart etc. wollen Sie unbedingt ausprobieren, lernen, sich zu eigen machen? Sie kaufen sich Bücher und CDs zum Thema und lesen, informieren sich und erfreuen sich an dem euphorischen Gefühl, endlich die Lösung für Ihr Problem gefunden zu haben.

Dann probieren Sie es aus. Sie üben die Entspannungstechnik ein- oder zweimal zu Hause oder besuchen sogar einen Kurs dafür. Sie stellen fest, dass es zwar irgendwie guttut, aber keine

Wunder in Ihrem Leben geschehen sind. Und Sie sind immer noch angespannt und regen sich oft auf. Eigentlich haben Sie auch keine Zeit, täglich zu üben oder zu trainieren.

Sie brauchen etwas, das man nur einmal machen muss! Aber Sie wissen es schon: So etwas gibt es nicht! Sich gut fühlen, entspannt fühlen, sich Gutes tun, kann nur durch langfristige Veränderung und Üben passieren. Alles, was wir gut können, haben wir geübt. Laufen, Rad fahren, sogar frustriert sein und schuldig zu fühlen.

Wissenschaftliche Studien haben gezeigt, dass nach einem achtwöchigen MBSR-Kurs (Mindfulness based stress reduction), der auf achtsamkeitsbasierten Meditationen basiert, sich das Gehirn derart verändert, dass die graue Substanz an der Amygdala, die für die Verarbeitung von Stress und Angst wichtig ist, abnimmt. Dafür verdichtet sich der Bereich, der für Selbstwahrnehmung und Mitgefühl zuständig ist. Die Teilnehmer des Kurses berichteten, dass sie besser mit Stress umgehen können.

MBSR-Kurse gibt es mittlerweile in vielen Städten und sie werden in den meisten Fällen von der Krankenkasse bezuschusst. Vielleicht ist dies auch eine Möglichkeit für Sie, Meditation angeleitet über einen längeren Zeitraum zu erfahren?

Diese positiven Effekte der Meditation bleiben nur, wenn regelmäßig meditiert wird. Das ist ähnlich wie beim Muskel- oder Gedächtnistraining. Nur wer regelmäßig trainiert, profitiert von den Auswirkungen. Wenn Sie feststellen, wie wohl und entspannt Sie sich während und nach der Meditation fühlen, kann auch ganz von allein der Antrieb kommen, regelmäßig zu meditieren. Ihnen wird dann etwas fehlen, wenn Sie es nicht tun. Um dahin zu gelangen, sollten Sie sich Zeit geben.

Diese Tipps werden Ihnen helfen:

Power-Tipp 1

Entscheiden Sie sich jetzt dafür, dran zu bleiben. Geben Sie ein Versprechen an sich selbst. Am besten schriftlich! Das könnte in etwa so klingen: „Ich verspreche mir selbst, die nächsten drei (oder acht) Wochen täglich zehn (oder zwanzig) Minuten zu meditieren.“ Tun Sie dies allein, um sich Gutes zu tun. Nicht um etwas zu erreichen oder jemanden zu beeindrucken. Seien Sie offen und gespannt und gehen Sie neugierig an die Übung heran. Am besten schreiben Sie Ihr Versprechen auf, z. B. in Ihrem Kalender oder Tagebuch.

Power-Tipp 2

Nehmen Sie sich lieber weniger vor. In der ersten Begeisterung neigen viele Menschen dazu, zu viel auf einmal zu wollen. Manch einer sucht sich eine Meditationsgruppe, belegt einen Yoga-Kurs und besorgt sich verschiedene Bücher zum Thema, die er durcharbeiten will. Wer sich zu viel zumutet, wird sich schneller überfordert fühlen und ganz aufgeben. Gehen Sie es sanft an. Es geht um innere Ruhe und ein erweitertes Bewusstsein. Dies werden Sie nicht mit dem Brecheisen und einem Actionplan erreichen.

Power-Tipp 3

Setzen Sie sich nicht unter Leistungsdruck. Wenn Sie die zehn Minuten einmal nicht schaffen, üben Sie drei Minuten oder eine Minute. Falls Sie es einmal nicht schaffen, sich auf Ihren Atem zu konzentrieren, sondern im Kopf immer wieder das kommende Familienfest durchorganisieren: Das ist nicht der Sinn der Übung, kann aber vorkommen. Sie bleiben dran. Sie tun etwas für sich. Und darauf allein kommt es an!

Power-Tipp 4

Lassen Sie Ausreden nicht gelten. Wenn Sie damit anfangen, sind Sie verloren. „Heute kann ich wirklich nicht, ich bin so müde.“ oder „Der Tag war so voll mit Terminen, jetzt möchte ich nur noch ausruhen.“ oder auch „Mir geht's so gut heute, ich habe das gar nicht nötig“.

Der innere Schweinehund ist sehr einfallsreich beim Erfinden von Entschuldigungen und redet manchmal innerlich länger über die Gründe, etwas nicht zu tun, als das eigentliche Tun gedauert hätte. Machen Sie es einfach. Fahren Sie dieser inneren Stimme, die Sie im immer gleichen Zustand halten möchte, einfach über den Mund. „Ich habe dich gehört, aber mein Entschluss steht, lieber Schweinehund. Ich werde meditieren.“ Es wird sich gut und klar anfühlen und die faule Stimme in Ihnen wird immer leiser und schwächer werden.

Power-Tipp 5

Sehen Sie die Meditation als Bereicherung für Ihr Leben, nicht als weiteren to-do-Punkt auf Ihrer Liste. Immer dann, wenn Sie besonders wenig Ruhe und Zeit für eine Meditation zu haben glauben, haben Sie sie am nötigsten. Was kann wichtiger sein als Ihre innere Ruhe, Stärke, Selbstliebe und Fokussierung?

Kommen wir wieder zur Praxis und zur nächsten Meditation: Die folgende Selbstheilungsmeditation kann Ihnen helfen, wenn Sie sich körperlich nicht wohlfühlen, z. B. erkältet sind oder Schmerzen in den Schultern haben. Natürlich ersetzt eine Meditation nicht einen nötigen Besuch beim Arzt, aber unterstützend eingesetzt, kann sie Ihren Körper und Geist bei der Heilung unterstützen. Sie können Sie natürlich auch ausprobieren, wenn Sie sich vollkommen fit fühlen.

Selbstheilungs-Meditation

- Suchen Sie sich wie immer einen Raum, in dem Sie für 10 –15 Minuten ungestört sind.
- Legen Sie sich auf den Rücken, die Beine ausgestreckt, die Füße fallen leicht nach außen, die Hände liegen

seitlich neben dem Körper, die Handinnenflächen zeigen nach oben.

- Entspannen Sie sich und schließen Sie langsam die Augen. Lassen Sie Ihren Atem ruhig und gleich mäßig ein- und ausströmen.
- Stellen Sie sich nun vor, wie Ihr Atem in den ganzen Körper hineinströmt, ihn sanft durchflutet und wieder hinausströmt.
- Stellen Sie sich nun zuerst Ihr rechtes Bein und den rechten Fuß vor Ihrem inneren Auge vor. Sagen Sie sich innerlich: "Mein rechtes Bein ist vollkommen gesund und voller Energie." Machen Sie das Gleiche mit dem linken Bein.
- Wandern Sie weiter nach oben und geben Ihrem Becken und Ihrem Bauchraum einzeln Aufmerksamkeit. „Mein Becken und alle Organe darin sind vollkommen gesund und voller Energie.“
- Wenn Ihnen die Formulierung nicht gefällt oder Sie z. B. jedes Organ einzeln benennen möchten, tun Sie dies. Die Anleitung ist lediglich ein Wegweiser, kein Plan, an den Sie sich genau halten sollen.
- Wandern Sie weiter, zum Brustbereich, in die Arme, die Hände, den Hals und den Kopf.
- Wenn Sie in einem Körperbereich Beschwerden haben, beziehen Sie diese in die Meditation mit ein. z. B. „Meine Blase wird immer stärker und stärker. Sie ist voller Energie.“
- Bleiben Sie nach Beendigung der Meditation noch ein bisschen liegen, öffnen Sie langsam Ihre Augen und beobachten Sie Ihre Umgebung. Fühlen Sie in sich hinein.

Nun haben Sie schon die dritte Meditation kennengelernt und ausprobiert. Sie können stolz auf sich sein! Und weiter geht es zur 4. Meditation:

Gehmeditation

Die Gehmeditation hat den Vorteil, dass Sie sie unterwegs machen können, auf Wegen, die Sie ohnehin laufen. Alles kann

Meditation sein, so auch das einfache Laufen. Auch wenn der gesunde Menschenverstand es ohnehin weiß, hier noch mal der Hinweis, dass Sie bitte nicht im dichten Straßenverkehr üben, sondern auf ruhigen Wegen.

Und so geht's:

- Gehen Sie ganz normal und entspannen Sie sich in jeden Schritt hinein. Beobachten Sie Ihren Atem.
- Zählen Sie, wie viele Schritte Sie beim Einatmen und beim Ausatmen jeweils gehen. Schauen Sie, ob Sie einen gleichmäßigen Rhythmus beibehalten können.
- Fühlen Sie die Festigkeit und Stärke von Mutter Erde unter Ihren Füßen. Fühlen Sie, wie Sie getragen werden.
- Beobachten Sie Ihre Gedanken und Gefühle beim Gehen. Halten Sie sie nicht fest, lassen Sie sie weiterziehen.
- Entspannen Sie alle Muskeln, die zum Gehen nicht benötigt werden.
- Bauen Sie diese Meditation so oft Sie mögen in Ihren Alltag ein.

Eine weitere Meditation, bei der Sie aktiv sind und dennoch Ihren Geist entspannen, ist die Schreibmeditation. Es gibt verschiedene Formen, schreibend zu meditieren.

Zwei davon lernen Sie hier kennen:

Schreibmeditation – freies Schreiben

Diese Schreibmeditation ist angelehnt an das Schreiben sogenannter Morgenseiten. Dies ist eine Schreib- und Kreativitätstechnik der Autorin Julia Cameron. Nehmen Sie sich hierfür 10 –30 Minuten Zeit.

- Suchen Sie sich einen ruhigen Platz, an dem Sie ungestört sind. Machen Sie diese Meditation idealerweise morgens. Wenn das nicht geht, wird sie auch zu jeder anderen Tageszeit ihre Wirkung nicht verfehlen.

- Nehmen Sie einen Schreibblock und Stift zur Hand und schreiben Sie schnell und unzensiert 3 DIN A 4 Seiten voll. Es geht nicht darum, dass Sie sich hetzen, sondern darum, die Zensur des Bewusstseins zu umgehen. Lassen Sie das aus sich herausfließen, was kommt. Egal was. "Das Hühnchen trägt heute weiße Socken. Am Himmel hängt ein Gehstock und sieht misstrauisch zur Sonne hinüber."
- Alles darf sein. Aber es soll kein Tagebucheintrag werden, in dem Sie beschreiben, wie der Ausflug in den Freizeitpark gestern war oder dass Sie sich auf das Rendezvous mit Ihrem Freund morgen freuen. Wenn Ihnen nichts einfallen sollte, beginnen Sie den Satz mit: „Jetzt gerade …“ und schreiben Sie dann, was Ihnen kommt.
- Es geht nicht darum, einen Text zu schreiben, den andere lesen werden. Oder darum, etwas besonders Spannendes zu schreiben. Wenn Sie möchten, schreiben Sie über den Fleck auf Ihrer Tapete und dass Sie sich schon seit Wochen darüber ärgern, aber keine Lust haben, Farbe zu kaufen, um ihn zu überstreichen.
- Dies ist ihre Zeit. Sie sind frei. Schreiben Sie. Lassen Sie los. Freuen Sie sich, dass Alles sein darf!
- Sie werden feststellen, dass Sie sich durch diese Schreibmeditation immer besser kennenlernen. Sie entdecken verschiedene Rollen und Stimmen in Ihrem Inneren und vielleicht auch Anteile Ihrer selbst, die Sie nicht wollen, ablehnen und schlecht zulassen können. Trauen Sie sich. Sie haben hier die Chance, vollständiger, mehr Sie selbst zu werden. Zuerst auf dem Papier, dann immer mehr auch im wahren Leben.

Falls Sie bisher kaum Erfahrung mit dem Schreiben haben, ist die folgende Form der Schreibmeditation wahrscheinlich besser für Sie geeignet:

Schreibmeditation – Abschreiben von inspirierenden Texten

- Die Vorbereitung ist die gleiche wie bei der erstgenannten Schreibmeditation. Zusätzlich benötigen Sie ein Buch, einen Text, ein Gedicht o. ä., der oder das Sie inspiriert, anspricht und berührt.
- Diesen Text oder Teile aus besagtem Buch schreiben Sie langsam und bewusst atmend ab. Es muss kein spirituelles Buch sein, eine gewisse Tiefe sollte aber vorhanden sein. Konzentrieren Sie sich beim Abschreiben auf jedes einzelne Wort, lassen Sie es wirken und verlieren Sie sich nicht in der Geschichte.
- Sollten Ihre Gedanken abschweifen, beobachten Sie dies und lenken Ihre Aufmerksamkeit wieder in die Gegenwart.

Konnten Sie sich darauf einlassen? Hat es Ihnen vielleicht sogar Spaß gemacht? Vielleicht konnten Sie unter den verschiedenen Meditationen eine oder mehrere finden, die Ihnen richtig gut gefallen haben.

Gewohnheiten ändern mit Meditation

Haben Sie ein, zwei oder zwanzig Gewohnheiten, die Sie gern ändern würden? Zu den Klassikern gehören z. B. Ernährungsgewohnheiten. Statt Chips am Abend lieber eine Runde joggen. Statt die Kinder anzuschimpfen, wenn Sie genervt sind, lieber erst mal in sich hinein fühlen und herausfinden, was Sie gerade so aufbringt. Statt auf Ihren Partner zu schimpfen, dass Ihre Beziehung nicht so aufregend oder harmonisch ist, lieber hinschauen, wo Sie selber dazu beitragen, dass es langweilig, festgefahren oder unharmonisch ist?

Haben Sie Lust dazu? Wie gut, dass Sie sich auf den Weg gemacht haben. Eine regelmäßige Meditationspraxis wird Ihnen helfen, die Gewohnheiten loszulassen, mit denen Sie sich und anderen nichts Gutes tun und stattdessen Handlungen zu etablieren, mit denen Sie sich wohlfühlen. Und so geht das konkret:

Schritt 1

Beobachten Sie sich über ein paar Wochen in Ihrem Alltag. Welche Gewohnheiten beobachten Sie, die Sie verändern möchten? Welche Situationen, Handlungen, Reaktionen Ihrerseits ärgern Sie immer wieder und rauben Ihnen so oft die Gelassenheit, Freude und Glück?

Schreiben Sie auf, welche Gewohnheiten Ihnen auffallen. Wählen Sie dann zwei aus, die Sie am dringendsten verändern möchten und notieren Sie auch, warum Ihnen diese nicht guttun und mit welcher Gewohnheit oder Reaktion es Ihnen bessergehen würde.

Schritt 2

Verändern Sie nichts an den Gewohnheiten, die Sie sich ausgesucht haben. Beobachten Sie vielmehr, was genau in der Situation passiert.

Wann greifen Sie zur Schokolade? Warum glauben Sie, Sie könnten ohne Kaffee nicht leben. Was genau passiert, wenn Sie sich vor anderen kleiner machen, als Sie sind. Wie fühlen Sie sich, was denken Sie dabei?

Welche Gedanken denken Sie, wenn Sie Ihre Kinder ausschimpfen oder Ihren Partner kritisieren. Beobachten Sie, nehmen Sie wahr und fühlen Sie in Ihren Körper hinein.

Schritt 3

Schreiben Sie Ihre Beobachtungen auf. z. B.: "Ich esse Schokolade, wenn ich mich alleine fühle, mich belohnen möchte, mich innerlich leer fühle", "Ich mache mich klein, wenn ich mit Leuten zusammen bin, die sehr selbstbewusst wirken. Ich denke dann, ich sei wertlos und schlechter als diese", "Ich schimpfe besonders oft mit meinen Kindern, wenn ich mich überfordert oder missverstanden fühle".

Schritt 4

Suchen Sie sich eine Meditation aus, in der Sie sich inzwischen geübt und mit der Sie sich wohlfühlen. Bereiten Sie sich wie gewohnt vor, nehmen Sie sich Zeit und suchen Sie sich einen geeigneten Ort.

Nehmen Sie dann eines der Muster, die Sie herausgefunden haben, mit in die Meditation. Stimmen Sie sich kurz auf das Thema ein und meditieren Sie dann. Verfallen Sie nicht in Grübelei. Lassen Sie Gedanken vorüberziehen.

Schritt 5

Beobachten Sie, was sich verändert. Wenn Sie mögen, schreiben sie es sich in Ihr Meditationstagebuch. Sie werden feststellen, dass es sich bei Veränderungen, die eintreten, nicht um kurzfristige Veränderungen handelt, für die Sie sich anstrengen müssen. Vielmehr geschieht in Ihnen eine Wandlung. Sie handeln anders aus Ihrem innersten Kern heraus.

Was früher so schwer erschien, wird nun immer leichter.

Beziehungen und Selbstliebe

"In der Meditation geht es ganz einfach darum, man selbst zu sein und sich allmählich darüber klar zu werden, wer das ist."

Jon Kabat-Zinn

Meditation ist tatsächlich ein Allheilmittel und kann nicht nur Ihr Herz und Ihre inneren Wunden heilen, sondern auch Ihre Beziehung.

Die Meditation kann Ihnen helfen, Aggressionen, Wut und Anspannung innerhalb der Beziehung zu lindern und kann wieder erwecken, wo aus Langeweile und Routine die Gefühle verebbt sind.
Meditation macht Sie wieder lebendig und lässt Sie mit den Höhen und Tiefen einer Beziehung gelassener umgehen. Sollte Ihre Beziehung gerade an einem absoluten Tiefpunkt sein, z. B. von Affären vergiftet, in Trennung begriffen, in Wut und

Abneigung gegenüber dem Partner gefangen, können Sie in der Meditation den Schmerz annehmen. Sie können üben, präsent zu bleiben, egal, wie weh es tut.

Sie werden merken, dass es verdammt schmerzen kann, Ihre Gefühle zuzulassen, dass dies aber der einzige Weg ist, mit Ihren Gefühlen umzugehen. Alle anderen Wege verlängern das Leiden. Verdrängen, sich die Dinge schönreden, Gefühle unterdrücken führt in eine Sackgasse und diese endet in unlebendigem Leben, verleugnen des Selbst und immer weniger Lebensfreude. Die natürlichen Impulse dürfen dann nicht mehr sein und das tut weh!

Probleme in Beziehungen (und hierzu gehören auch Freundschaften) gehen immer mit mangelnder Selbstliebe einher. Die wenigsten Menschen können von sich behaupten, dass Sie sich wirklich lieben. Es ist leicht, sich selbst gut zu finden, solange das Leben rund läuft, man Erfolg im Beruf hat, gut aussieht und Menschen um sich herum hat, die einem Wertschätzung und Aufmerksamkeit entgegenbringen.

Dies ist aber keine Selbstliebe, sondern ein Gefühl von Okay-sein, dass an äußere Bedingungen geknüpft ist. Als Kinder wurden wir oft gelobt, wenn wir etwas so gemacht haben, wie es von uns erwartet wurde, wir gute Noten nach Hause brachten, ordentlich aussahen und uns Freunde suchten, die unseren Eltern gut in den Kram passten.

Kamen wir mit einer Fünf in Mathematik heim, räumten unser Zimmer nicht auf oder hatten einfach keine Lust das zu tun, was unsere Eltern (oder andere erwachsene Bezugspersonen) von uns erwarteten, sah die Welt schnell ganz anders aus. Wir ernteten nicht nur sachliche Kritik, sondern in vielen Fällen auch Ablehnung, Wut und Liebesentzug.
Nur wenige Menschen können von sich behaupten, dass Sie bedingungslos geliebt wurden. Dabei ist es die bedingungslose Liebe, die uns allen so guttäte und die vielen Erwachsenen heute noch fehlt. Das Gefühl innerer Leere und des Nicht-genug-Seins hat seine Wurzeln meist in der Kindheit.

Sie haben nun viel über die verschiedenen Möglichkeiten und Arten der Meditation gelernt, Ihre ersten Meditationen ausprobiert und vielleicht schon erste Erkenntnisse gewonnen oder gemerkt, dass Sie während der Meditation Gedanken loslassen konnten.

Sie wissen, dass der Verstand die Aufgabe hat, zu denken und dass es Ihre Aufgabe ist, nicht jeden Gedanken wichtig zu nehmen und dass Sie es in der Hand haben, sinnlose Gedankenkarussells zum Stillstand zu bringen. Sie haben festgestellt, dass es Ihnen leichter fällt, Gedanken ziehen zu lassen und bei Ihrem Atem bzw. in Ihrem Körper zu bleiben statt im Kopf stecken zu bleiben.

Negative Gedanken erzeugen negative, blockierende Gefühle. Durch regelmäßige Meditation spüren Sie immer schneller und genauer, in welchem Bereich Ihres Körpers sich ein Gefühl zeigt, wie es sich anfühlt und welcher Gedanke diesem Gefühl zugrunde liegt.

Nutzen Sie diese wunderbare Chance, sich selbst näher zu kommen und blockierte Gefühle zu befreien. Finden Sie heraus, wer Sie sind und befreien Sie sich. Werden Sie ganz Sie selbst und lieben Sie den Menschen, den Sie dort kennenlernen!

Dazu gehört auch, sich selbst wertzuschätzen und achtsam mit sich umzugehen. Wer Gelassenheit lernen und täglich praktizieren will, sollte sich vor negativem Stress schützen und positiven Stress wohldosiert einsetzen.

KAPITEL 10
STRESS – FEIND DER GELASSENHEIT

Erinnern Sie sich zurück: Haben Sie sich vielleicht auch einen guten Vorsatz an Silvester gemacht? Wollten Sie sich vielleicht gesünder ernähren, mehr Sport treiben oder mit dem Rauchen aufhören? All dies sind Pläne, um Ihre Gesundheit zu verbessern und Ihre Lebensqualität zu sichern. Im ersten Moment mag der Verzicht der verlockenden Schokolade möglicherweise gar nicht so sinnvoll erscheinen – eine wenig hochwertige Schokolade ist schließlich gesund, nicht wahr? Doch wenn man es übertreibt, fühlt man sich danach schlecht und auch wenn die Süßigkeit nicht direkt am Körper sichtbar wird, merkt sich dieser doch jedes einzelne Gramm Zucker, das ihn erreicht. Nicht anders verhält es sich beim Thema Gelassenheit. Wenn Sie sich aufregen wollen, weil das Auto vor Ihnen eine grüne Ampel verschläft, dann werden Sie davon wohl kaum negative Konsequenzen verspüren. Wenn Sie dies aber jedes Mal tun, dann werden sich früher oder später Folgen einstellen.

Tun Sie also etwas für sich und auch für Ihre Mitmenschen! Leben Sie gesünder und versuchen Sie, gelassener zu sein. Unterziehen Sie sich einer Stress-Diät und versuchen Sie, bewusst auf Stress und Zwänge zu verzichten. Mit welchen Übungen und Gedanken Ihnen dieses Vorhaben gelingt, werden Sie in diesem Ratgeber herausfinden.

Was ist Stress genau und wie entsteht er?

Was für den einen Stress ist, ist für den anderen aufregend und stimulierend. Sobald ein Mensch für sich Stress empfindet, der ihm nicht guttut, macht sein Körper ihm das durch verschiedenste Reaktionen deutlich. So wird die Muskulatur angespannt, das Denken eingeengt, es fällt schwerer, komplex oder kreativ zu denken. Das Herz schlägt schneller und kräftiger, Zuckerreserven aus der Leber werden mobilisiert und die Verdauung heruntergefahren. Das Immunsystem wittert Gefahr und erhöht die Anzahl der natürlichen Killerzellen. Passiert dies ab und an, ist das für unseren Organismus kein Problem und durchaus zu bewältigen. Befindet sich aber unser Körper im Dauerstresszustand, so kann dies auf längere Sicht unserer Gesundheit ernsthaft schaden.

Erkrankungen wie das Burn-out-Syndrom, Angststörungen, Depressionen, aber auch Herz-Kreislauf-Erkrankungen nehmen in den letzten Jahren immer weiter zu. Dies ist meines Erachtens ein Symptom unserer gehetzten, fremdbestimmten und stressgeplagten Gesellschaft.

Treten Sie heraus aus diesem Teufelskreis und übernehmen Sie die Verantwortung für Ihr Leben und Ihre Gesundheit.

Mit der Meditation haben Sie z. B. ein wirksames und kraftvolles Instrument, dass sie immer und überall einsetzen können. Ihr Stresspegel wird dauerhaft gesenkt, wenn Sie sich regelmäßig eine Meditations-Geist-Aufräum-Session gönnen und die Stressspitzen werden seltener. Ihre Rezeptoren für Stress werden weniger sensibel, dafür werden Sie immer geübter darin sein, Entspannung zuzulassen, gelassen zu regieren und im Hier und Jetzt zu leben. Es lohnt sich!

Wie wäre es mit einer Stress-Diät?

Was kann Ihnen nun also helfen, dem Stress zu entkommen? Wie können Sie mit mehr Gelassenheit ein entspanntes, ruhiges und glückliches Leben führen? Es gibt viele Ansätze, die Ihnen den Weg weisen können, doch zunächst müssen Sie begreifen, dass Ruhe und Entspannung nicht irgendwo zu finden sind. Es handelt sich hierbei nicht um etwas, das Sie im nächsten Supermarkt kaufen oder bei Ebay ersteigern können. Gelassenheit kann Ihnen auch nicht von Ihrer Mutter oder Ihrem Freund geschenkt werden. Ebenso wenig gibt es eine Schritt-für-Schritt-Anleitung, die Ihnen Gelassenheit verleihen kann. Gelassenheit ist etwas, das nur in Ihnen selbst liegt. Und um es zu finden, müssen Sie sich ein wenig Zeit geben und Geduld haben. Doch die Zeit, die sie sich dafür nehmen, wird sich am Ende zweifellos auszahlen.

Wie geht man es also an? Wie findet man in sich selbst die Tugend der Gelassenheit?

Der Weg zur Entspannung beginnt damit, dass Sie sich darüber klar werden, warum Ihnen diese Fähigkeit überhaupt fehlt. Warum sind Sie so unentspannt und reizbar? Warum haben Sie das Gefühl, dass Ihnen alles entgleitet und Sie mit ihrem Leben nicht mehr mithalten können? Warum leiden Sie unter Lust- und Antriebslosigkeit?

Der Grund dafür liegt in Ihnen selbst. Er liegt darin, dass Sie sich unter Druck setzen, oder sich unter Druck setzen lassen und darin, dass Sie alles perfekt machen wollen. Ein Grund kann auch sein, dass Sie sich jetzt schon mit neuen Aufgaben konfrontiert sehen, obwohl Sie die alten noch nicht abgearbeitet haben.

Setzen Sie sich klare Ziele. Gehen Sie dafür an einen Ort, an dem Sie sich wohlfühlen. Hören Sie tief in sich hinein und fragen sich: *Was will ich wirklich? Was will ich erreichen?* Schreiben Sie sich diese Ziele auf, legen Sie sie dorthin, wo Sie immer gesehen werden, und arbeiten Sie an ihnen. Wenn Sie an sich selbst glauben, dann können Sie alles erreichen, was Sie wollen.

Versuchen Sie, Ihre negativen Emotionen zu kontrollieren. Denken Sie daran: Alle Menschen haben mal negative Gedanken, das gehört zum Leben dazu. Aber wichtig ist es, die Negativität in etwas Positives umzuwandeln. Sobald Sie also in negative Emotionen verfallen, tun Sie folgendes: Schreien Sie den Frust aus sich hinaus oder powern Sie sich sportlich aus. Sie werden merken, wie gut Ihnen das tun wird.
Haben Sie ein Morgenritual? Nein, gemeint ist nicht das Drücken der Schlummer-Taste. Ziel eines Morgenrituals ist es, gut gelaunt und motiviert in den Tag zu starten. Wichtig für ein effektives Ritual ist es, die wichtigsten Punkte abzudecken: Ernährung, Sport und Psyche. Hier ein Beispiel:

- Nach dem Aufwachen direkt ½ l Wasser trinken (der Körper braucht nach mehreren Stunden wieder Flüssigkeit)
- In den Spiegel gucken und sich breit angrinsen (hört sich gewöhnungsbedürftig an, aber es bewirkt Wunder)
- Joggen, Spazieren oder Yoga (Hauptsache sich in irgendeiner Form körperlich betätigen)
- In einem motivierenden Buch lesen oder ein motivierendes Video ansehen
- Ein gesundes Frühstück

Planen Sie hierfür 30-45 min ein und führen Sie Ihr persönliches Morgenritual konstant durch (mindestens Montag-Freitag). Sie werden viel entspannter, gelassener und glücklicher in den Tag starten.

Wissen Sie noch, als Sie das letzte Mal so richtig entspannt und glücklich waren? Als es keine großen Aufgaben gab und Sie einfach in den Tag hineinleben konnten? Nein? Dann wird es Zeit. Wann immer Sie in einer Phase sind, in der Sie gestresst und nicht gelassen sind, dann denken Sie genau an diesen Moment, in dem Sie sich frei und entspannt gefühlt haben. Lassen Sie den Moment direkt vor Ihrem inneren Auge bildlich entstehen. Fühlen Sie ihn mit allen Sinnen und Sie werden schlagartig zur Ruhe kommen. Und nicht vergessen: schaffen Sie so oft Sie nur können, weitere dieser Situationen. Denn diese Momente sind es doch, die das Leben auszeichnen.

Versuchen Sie sich doch selbst einmal als Autor. Schreiben Sie Ihren eigenen, kleinen Ratgeber zum Thema Gelassenheit – ganz nach Ihren eigenen Wünschen. Lassen Sie Ihrer Kreativität freien Lauf. Orientieren können Sie sich dabei zum Beispiel an den „10 Geboten der Gelassenheit“, dem Dekalog der Gelassenheit von Papst Johannes XXIII oder natürlich sehr gerne auch an den Inhalten dieses Buches. Entscheidend ist, dass Sie aufschreiben, was Sie von sich persönlich erwarten, wie Sie gelassener werden und was Sie generell erreichen möchten. Ihr Werk könnte sich auch gut als Teil Ihres Morgenrituals machen.

Wann immer alles aus Ihrer Sicht schief geht, besinnen Sie sich und kommen Sie zur Ruhe. Schließen Sie die Augen und holen Sie einmal tief Luft. Ein-und Ausatmen, ein- und ausatmen. Fragen Sie sich dabei, ob Ihr Schicksal wirklich so schlimm ist, wie es scheint. Und führen Sie sich vor Augen, dass Sie es keinesfalls besser machen, indem Sie gereizt reagieren. Überlegen Sie, ob es nicht eine andere Lösung für Ihr Problem gibt. Und erkennen Sie an, dass es irgendwann auch wieder besser wird. Entspannen Sie sich und reagieren Sie gelassener.

Lachen macht glücklich. Die Bewegung der Lippen setzt Endorphine, sogenannte Glückshormone, frei und Sie fühlen sich automatisch besser. Diese Tatsache können Sie für Ihre Suche nach Gelassenheit nutzen. Nehmen Sie sich für jeden Tag vor, mindestens zehnmal ausgiebig zu lächeln. Lächeln Sie ausgiebig sich selbst im Spiegel und Ihre Liebsten an. Es wird Ihnen gut tun!

PS: Machen Sie sich doch einmal den Spaß und lächeln Sie wildfremde Menschen an. Die meisten von denen werden auch zurücklächeln. Versuchen Sie es.

Wenn Sie sich ungerecht behandelt fühlen, im Streit sind oder kritisiert werden, dann haben Sie vielleicht den Wunsch, sich zu rechtfertigen oder zu diskutieren. Tun Sie es nicht. Erkennen Sie vielmehr die Situation und schrauben sich herunter. Nehmen Sie den Notausgang aus dieser Situation und setzen Sie das Gespräch unter einer besseren Stimmung fort. Sie werden merken, dass man Ihr Verhalten respektieren wird.

Wenn Sie die Tipps und Techniken aus diesem Ratgeber befolgen, werden Sie nach und nach merken, wie Sie Ihr Leben aus einem anderen Blickwinkel erleben. Sie werden sehen, dass das Auto, das Ihnen die Vorfahrt nimmt, nun keine Wut mehr in Ihnen auslöst. Stattdessen können Sie selbstbeherrscht darüber nachdenken, ob Ihnen nicht vielleicht auch schon einmal ein derartiger Fehler unterlaufen ist.

Diese Strategien der Besonnenheit und der Friedfertigkeit lassen sich auf Ihr gesamtes Leben übertragen und helfen Ihnen nachhaltig, ein gesünderer und auch glücklicherer Mensch zu werden. Gelassenheit ist Balsam für die Seele. Sie sorgt für Ihre Gesundheit, für Ihr Selbstbewusstsein und auch für den guten Eindruck, den Sie auf Ihre Mitmenschen machen. Die Zeit, die Sie sich für das Erlangen Ihrer inneren Ruhe nehmen müssen, die werden Sie später nicht vermissen. Stattdessen werden Sie erkennen, was Ihnen all die Jahre zuvor über gefehlt hat.

Ein Umgang mit Stress bzw. eine Stresslinderung ist ungemein wichtig für Ihre Gesundheit. Um ein gesünderes Leben als eine glücklichere Person führen zu können, müssen Sie den Stress in Ihrem Alltag reduzieren. Wenn Sie zu gestresst sind, wird Ihr Immunsystem geschwächt, wodurch Sie für eine weite Palette an Krankheiten und Leiden anfällig werden. Dabei kann es sich um einen ganz normalen Schnupfen, allerdings auch um schwere Herzerkrankungen handeln. Sie können also niemals richtig gesund sein, wenn Ihr Stresslevel unkontrolliert bleibt.

Was Ihnen Stress antut

Durch Stress setzen Sie sich einem Risiko aus. Viele Menschen denken über den Stress in ihrem Leben nicht einmal nach, bis sie kurz vor einem Burnout sind, der schlimme Auswirkungen auf Ihre Gesundheit und mentale Stabilität haben kann. Ihr Gehirn muss unter Stress mit körperlichen und chemischen Veränderungen umgehen, was dessen Funktionsweise beeinflusst. Der Chemikalienspiegel in Ihrem Gehirn wird ansteigen und durch ständige Kampf-oder-Flucht-Situationen wird Adrenalin ausgeschüttet. Das kann wiederum Ihren Blutdruck erhöhen, Ihr Immunsystem schwächen und Ihre Herzfrequenz erhöhen. Es entstehen möglicherweise Geschwüre, Asthma, Herzkrankheiten, Schlaganfälle oder viele andere gesundheitsbezogene Probleme, wenn Sie Stress (zu lange) ausgesetzt sind.

Wenngleich Sie möglicherweise dazu in der Lage sind, sich an den dauernden Stress in Ihrem Leben anzupassen, ist das Risiko, einen Herzinfarkt zu erleiden, dennoch erhöht. Ohne die richtigen Methoden zum Umgang mit Stress und diverse Stresslinderungstechniken wird diese Stressanpassung also leider nicht allzu viel helfen. Zwar entwickeln Sie vielleicht eine höhere mentale Toleranz gegen eine gewisse Stressmenge, Sie müssen aber trotzdem mit körperlichen Reaktionen umgehen, die für gewöhnlich ignoriert werden. Dazu gehören zum Beispiel Muskelverspannungen, Kopfschmerzen bzw. Migräne oder Verdauungsprobleme. Natürlich wird Stress in gewisser Weise auch beeinflussen, welche Nährstoffe von Ihrem Körper überhaupt erst aufgenommen werden: Sie essen möglicherweise mehr oder weniger als sonst, wodurch sich Sodbrennen, Säure-Reflux, Erbrechen, Schmerzen, Übelkeit oder Durchfall einstellen können.

Auch erfahren Sie durch Stress psychologische Auswirkungen, die zu mentalen oder emotionalen Störungen führen können. Dazu zählen viele Phobien, Panikattacken, Angstgefühle und das Risiko, eine Depression auszuprägen. Darunter könnten Ihre Fähigkeit, Entscheidungen zu treffen, Ihre Konzentration oder Ihr Erinnerungsvermögen (auch was wichtige Dinge angeht) leiden. Sie könnten ebenfalls launenhafter oder reizbarer werden und weniger Geduld und Beherrschung aufweisen als sonst. Dadurch entstehen möglicherweise wiederum Beziehungskonflikte, Sie könnten zu schnell verärgert werden oder sich hinsichtlich bestimmter Dinge unsicher fühlen.

Stress müssen Sie nicht einfach so tolerieren. Sie können auf natürliche Weise mit Ihrem Stress umgehen, da es wirklich viele hilfreiche Methoden, Kräuter oder Routinen dafür gibt. Diese Dinge können Sie kombinieren, um sicherzugehen, dass Sie auch tatsächlich etwas gegen Ihren Stress unternehmen, anstatt ihn einfach so hinzunehmen und aufzustauen. Ihnen stehen diesbezüglich wirklich viele Pfade offen.

Schlafen Sie beispielsweise ausreichend viel (7 bis ziehen Sie ätherische Öle in Erwägung. Ein gutes Stressmanagement wird Ihnen dabei helfen, dass Sie alles haben, was Sie benötigen, um zu einer gesünderen und glücklicheren Person zu werden, um Ihr Risiko an diversen Leiden oder Krankheiten zu erkranken zu reduzieren, um anmutiger zu altern und um Stress nicht länger als Problem in Ihrem Leben dastehen zu lassen.

Techniken gegen Stress

Egal, was für ein Leben Sie auch führen mögen: Stress wird Sie irgendwann einmal treffen. Er ist nun leider unvermeidlich. Sie werden sehen, dass Sie konzentriert und motiviert bleiben müssen, wenn Sie ein vollständiges und erfüllendes Leben haben möchten. Hören Sie damit auf, ungesunde Techniken gegen Stress in Erwägung zu ziehen, wie Drogen, Alkohol oder das falsche Essen. Auch sollten Sie Ihren Stress nicht an anderen Menschen auslassen. Gesunde Techniken zur Stressbekämpfung sind auf der anderen Seite wirklich leicht anzuwenden.

Betreiben Sie Tiefenatmung

Das ist eine wirklich leichte Technik, die Sie überall und jederzeit anwenden können. Sie müssen nicht warten, bis Sie Zu Hause sind und sich ebenfalls nicht unbedingt an einem ruhigen Ort befinden. Sollten Sie sich an einem sehr lauten Ort aufhalten, an dem es Ihnen schwer fällt, sich zu konzentrieren, dann denken Sie daran, sich nur auf das Zählen Ihrer Atemzüge zu konzentrieren. Am besten wäre es, Sie zählen bis zehn. Wenn Sie ausreichend Zeit haben und Ihr Stresslevel wirklich hoch sein sollte, dann zählen Sie von der zehn wieder rückwärts bis null. Halten Sie Ihre Augen, falls möglich, geschlossen: so können Sie sich besser auf Ihr Inneres konzentrieren und die Stressfaktoren Ihrer Umwelt ausblenden.

Gehen Sie joggen

Das mag sich auf den ersten Blick vielleicht etwas kontraproduktiv anhören, aber wenn Sie die Zeit dazu haben und sehr gestresst sind, gehen Sie eine Runde joggen. Unter Stress ist es wahrscheinlich, dass Sie wütend oder ungeduldig werden oder Ihr Adrenalinspiegel ansteigt. Das müssen Sie auf eine natürliche Art und Weise wieder korrigieren. So fahren Sie Ihr Temperament wieder herunter, kommen wieder mit Ihrem geistigen Selbst ins Gleichgewicht und verbrennen die überschüssige Energie in produktiver Manier.

Zwar eignen sich Joggen bzw. Walken dafür hervorragend, allerdings wird Ihnen auch ein einfacher Spaziergang gute Dienste erweisen. Sie erhalten dadurch nämlich etwas Abstand von Ihren Problemen, wodurch Sie die Zeit dazu bekommen, darüber zu reflektieren und sich zu beruhigen, sodass Sie die Situation auf gesunde Art und Weise mit klarem Verstand angehen können.

Hören Sie Musik

Wenn Sie keine Musik mögen, dann ist dieser Tipp leider eher weniger für Sie geeignet. Es gibt jedoch viele Musikrichtungen, die Ihnen helfen können. Dabei muss es sich nicht einmal um etwas Beruhigendes handeln. Sie sollten immer Musik hören, die Sie mögen.

Nehmen Sie sich einfach einen Moment Zeit und hören Sie sich einen oder zwei Songs an. Wenn es sich dabei um Musik handelt, die Ihnen gefällt und die nicht allzu depressiv oder aggressiv ist, dann kann Ihnen diese Musik tatsächlich dabei helfen, ein wenig von Ihrem Stress abzubauen und Ihren Geist zu befreien, sodass Sie wieder klar denken können. Natürlich müssen Sie dennoch dafür sorgen, dass Sie sich Ihren Stressfaktoren später noch direkt stellen, allerdings hilft es ab und an auch ganz gut, wenn Sie Ihren Stress für einen kurzen Moment ignorieren.

Erstellen Sie eine Liste mit guten Dingen

Eine Liste, in der Sie Gutes notieren, wird Ihnen wirklich helfen können: nehmen Sie Zettel und Stift bzw. Ihr Telefon oder Ihren Laptop und schreiben Sie die guten Dinge, die Ihnen über Ihren Tag hinweg passiert sind, auf. Es ist vollkommen egal, wie klein diese Dinge auch gewesen sein mögen. Dazu gehört zum Beispiel, dass Sie beim Einkaufen einen Rabatt bekommen haben oder einen Anruf von einem geliebten Menschen erhielten.

Es gibt eigentlich immer mindestens eine gute Sache, die Ihnen an einem bestimmten Tag passiert ist, normalerweise sogar noch viele mehr, bevor Ihr Stress sich aufgebaut hat. Es ist also wichtig, diese Dinge zu erkennen, wenn Sie die Auswirkungen von Stress auf Ihr Leben verringern wollen.

Nehmen Sie sich 30 Minuten für sich selbst

Falls Sie die Zeit dazu haben und sehr gestresst sind, dann versuchen Sie einfach einmal, 30 Minuten nur für sich selbst herzunehmen. Natürlich sollten Sie das nicht versuchen, wenn Sie wirklich keine Zeit dafür einräumen können. Es wäre also am besten, wenn Sie von Vornherein jeden Tag eine halbe Stunde für die Dinge freihalten, die Sie auch wirklich gerne tun. Das bedeutet, dass Sie ab und zu anderen Menschen "Nein" sagen müssen. Das muss allerdings auch so sein, wenn Sie sicherstellen wollen, dass Sie Ihren Stress managen. Sie erhalten dadurch einen positiveren Ausblick, sodass Sie auf gesunde Art und Weise mit Ihrem Stress umgehen können.

Finden Sie etwas, worüber Sie lachen können

Das mag vielleicht etwas schwer sein, wenn Sie wirklich total gestresst sind. Sie sollten es aber trotzdem einmal versuchen, etwas zu finden, worüber Sie herzhaft lachen können, wenn der Stress einmal wieder die Oberhand gewinnt. Das kann zum Beispiel ein Bild in Ihrem Handy sein, der Witz von neulich oder ganz einfach die Ironie Ihrer momentanen Situation. Lachen ist wirklich eine tolle Methode, Stress und Spannungen aus Ihrem Körper zu entfernen. Sie werden sich dadurch auch hinsichtlich Ihres Lebens nicht mehr allzu niedergeschlagen fühlen so halten Sie chronischen Stress oder Depressionen auf Abstand. Auch Panik- oder Angstattacken können dadurch verhindert werden.

Leben Sie im Jetzt

Viele Menschen tun das eben nicht. Oft sind Sie viel zu sehr mit Ihren Sorgen der Vergangenheit oder der Zukunft beschäftigt, als dass Sie die Gegenwart so sehen können, wie sie ist. Sie erkennen dann nicht das Gute im Jetzt, wenn Sie immer nur daran denken, was bereits war und was noch kommen wird. Sie müssen erkennen, dass sich in der Gegenwart immer etwas Schönes befindet. Nehmen Sie sich einen Moment Zeit und versuchen Sie, die Schönheit in Ihrer Umgebung zu finden. Erkennen Sie Ihre Gedanken und erkennen Sie, mit wem Sie gerade zusammen sind und warum. Genau das bedeutet Leben im Jetzt. Sie werden sich dadurch zentrierter fühlen und weniger anfällig auf die Stressfaktoren Ihres Lebens sein.

Schreiben Sie alles auf

Schreiben Sie alles auf, das im Begriff ist, Sie zu nerven, zu stressen, oder zu belasten. Das ist natürlich nicht immer direkt und unmittelbar möglich. Versuchen Sie deshalb, jeden Tag etwas Zeit freizuhalten und diese Dinge aufzuschreiben. Das müssen Sie übrigens nicht unbedingt wie eine Liste Ihrer schlechten Erfahrungen aufbauen; gerne können Sie es auch so einfach, wie einen Tagebucheintrag halten.

So können Sie Ihr Leben wieder etwas in die richtige Perspektive rücken und manchmal kann genau diese Perspektive alles verändern. Sie sind natürlich weniger gestresst, wenn Ihr Stressfaktor auf einmal viel kleiner oder weniger wichtig erscheint. Wenn Sie alles aufschreiben, ist es viel wahrscheinlicher, dass Ihnen eine Lösung auf Ihre Probleme einfällt, da das Problem zwar schwarz auf weiß vorhanden ist, Sie Ihre Emotionen dabei aber außen vor lassen.

Nutzen Sie positive Affirmationen

Positive Affirmationen sind sehr leicht anzuwenden. Es ist manchmal nur etwas schwer, herauszufinden, welche Affirmation am besten für Sie geeignet ist. Sagen Sie sich am besten eine Affirmation vor, die darauf basiert, was Sie fühlen. Sollten Sie sich aufgrund Ihres Stresses unsicher fühlen, dann sagen Sie sich etwas, das diese Unsicherheit vertreibt. Das können manchmal ganz einfache Dinge sein, wie zum Beispiel, dass Sie selbstbewusst oder schön sind oder dass Sie im Hier und Jetzt leben.

Verwenden Sie also Affirmationen, die an Ihre Bedürfnisse angepasst sind, und wiederholen Sie sie. Für gewöhnlich tun diese Affirmationen Ihre Wirkung am besten, wenn Sie einen Spiegel zur Hand haben und Sie sie sich direkt ins Gesicht sagen.

Zwar funktionieren Affirmationen auch gedanklich, versuchen Sie aber dennoch, sie weitestgehend laut zu sagen. So können Sie sichergehen, dass Sie Ihr Stress nicht unten hält und dadurch Ihren Tag ruiniert und dass er sogar kleiner und leichter zu handhaben wird.

Gestehen Sie sich Ihre Gefühle ein

Sie müssen sich Ihre Gefühle immer eingestehen. Es mag viele Gründe geben, warum Sie sich gestresst fühlen. Selbst wenn einige Ihrer Gefühle möglicherweise irrational sind, wird es nur noch schlimmer, wenn Sie versuchen, diese Gefühle zu unterdrücken. Erhöhen Sie Ihren Stress nicht auf diese Weise. Ansonsten würden Sie sich nur so fühlen, als ob Sie alles in Ihrem Leben niederdrückt. Erkennen Sie also Ihre Gefühle.

Versuchen Sie zu erkennen, dass Sie eine Emotion verspüren, und fragen Sie sich im Anschluss, warum. So können Sie diese Gefühle gesund verarbeiten und Sie stellen sicher, dass durch diese Emotion nicht noch mehr Stress entsteht oder dass der Stress, der die Emotion auslöst, je nach Situation, gar gelöst wird.

Mit Meditation positive Fähigkeiten entwickeln

Wer die Fähigkeit der Gelassenheit beherrscht, der verbessert nicht nur sein Allgemeinwohl und seine Gesundheit, sondern der wird auch merken, dass er in seinem Leben viel weiter kommt. Wer Gelassenheit ausstrahlt, dem begegnen andere mit Respekt und Zuneigung.

Besonders ersichtlich ist dies bei Tieren und Säuglingen. Stellen Sie sich ein Baby vor, das bei einer nervösen Person auf dem Schoss sitzen soll. Was wird wohl passieren? Richtig, das Kind wird hibbelig, es spürt die Unsicherheit und Rastlosigkeit des Anderen und fängt wahrscheinlich an, zu weinen. Sitzt es stattdessen aber auf dem Schoss eines entspannten und selbstsicheren Menschen, wird es von dieser Ruhe angesteckt und fühlt sich wohl.

Menschen und auch Tiere sind Imitationswesen. So wie Sie angesteckt werden von einem Gähnen, werden Sie auch angesteckt von Unruhe.

Deshalb begegnet der Mensch gelassenen Menschen unbewusst mit Freundlichkeit.

Wenn Sie Meditation bereits kennen, dann wissen Sie, dass sie Ihnen bei Stress helfen kann ganz egal, wo Sie sich auch gerade aufhalten mögen. Es gibt einige Meditationstechniken, die Sie zu Hause anwenden müssen, also sollten Sie sich dafür etwas Zeit einräumen. Sie erhalten dadurch zahlreiche Vorteile, die Linderung von Stress stellt dabei nur einen Aspekt dar. Auch wird Ihrer geistigen Gesundheit, Ihrer emotionalen Gesundheit und sogar Ihrer körperlichen Gesundheit geholfen. Sie erlangen durch Meditation einen Sinn von innerem Frieden, der Ihnen durch zu viel Stress genommen wird.

Durch Meditation können Sie die überschüssigen Informationen abbauen, die sich mit der Zeit in Ihrem System aufgebaut haben und dieses überlasten. Diese Überlastung kann jeden Tag passieren und trägt zu einem großen Teil zu Ihrem Stress bei. Wenn Sie jedoch meditieren, dann können Sie alles aus einer neuen Perspektive, auf eine neue Art und Weise betrachten. Das schließt die von Ihnen erfahrenen stressigen Situationen natürlich mit ein.

Sie können durch Meditation Fähigkeiten entwickeln, durch die Sie mit Ihrem Stress zukünftig umgehen, Ihr Bewusstsein über sich selbst erhöhen und negative Emotionen vermindern können. Sie bleiben dadurch auch in der Gegenwart, was heißt, dass Sie nicht länger über die Vergangenheit oder die Zukunft nachgrübeln werden. So werden Sie also unterstützt, Ihren Stress insgesamt zu reduzieren.

Meditation kann Ihnen ebenfalls dabei helfen, Ihren Körper positiv zu beeinflussen. Sie halten damit nicht nur Depressionen auf Abstand, sondern auch Bluthochdruck, chronische Schmerzen, Schlafprobleme und -störungen, Angstgefühle und -störungen und sogar Herzkrankheiten und Asthma. Es gibt bei der Meditation wirklich viele Pro- und Kontrapunkte, wobei die positiven Aspekte die negativen deutlich überwiegen. Negativ wäre zum Beispiel die Zeit, die Sie für die Meditation aufwenden müssen.

Sollten Sie jedoch nicht meditieren, könnten Sie die Symptome, die mit körperlichen Gesundheitszuständen einhergehen, noch verschlimmern. Ihr Bluthochdruck könnte ohne Meditation gefährliche Spitzen erreichen, da Sie über eine sie störende Sache nachgrübeln könnten, anstatt sie mit genügend Abstand zu betrachten. So erhöhen sich Ihre Herzfrequenz und Ihr Adrenalinspiegel. Bei korrekt ausgeführter Meditation können Sie diese beiden Dinge wieder in den Griff bekommen.

Wer sich lieber anderweitig um sich kümmern möchte, findet hier einige Tipps und Anregungen:

KAPITEL 11
MIT DER NATUR ENTSPANNEN

Einfache Kräutertees

Kräuter stellen eine ausgezeichnete Möglichkeit dar, mit der Sie gegen Stress und dessen Auswirkungen auf Ihren Körper umgehen können. Eine der besten Methoden, diese Kräuter zu sich zu nehmen, sind natürlich Kräutertees. Diese Tees müssen nicht einmal unbedingt heiß sein, allerdings werden Sie feststellen, dass ein heißer Tee immer noch eine Spur mehr helfen kann. Gerne können Sie Ihre Tees aber auch kühlen und kalt genießen, wenn Sie sie öfter trinken.

Bereiten Sie Ihre Tees in diesem Fall einfach vor, lösen Sie den Honig vorher darin auf und stellen Sie ihn anschließend in Ihren Kühl- oder Gefrierschrank. Greifen Sie zum Süßen aber nur auf natürlichen oder rohen Honig zurück, denn dort wurde kein zusätzlicher Zucker hinzugefügt. Zucker wird Ihren Körper nämlich nur negativ beeinflussen. Durch zu hohen Zuckerkonsum könnte Ihr Körper aus dem Gleichgewicht geraten, wodurch zu Ihrem Stress eher noch beigetragen wird, anstatt ihn zu lindern.

Grüner Tee mit Zitronenmelisse

Zitronenmelisse ist ein kulinarisches Kraut, hat allerdings auch medizinische Anwendungsbereiche. Es gehört zur Familie der Minzen und hat einen zitronigen, minzigen Geruch, durch den auch es seinen Namen erhielt. Es wurde schon in der Antike von den Römern und den Griechen verwendet und ist ein bekanntes Mittel gegen Angstgefühle und Stress. Ein Zitronenmelissentee wird Ihnen mit Sicherheit dabei helfen, Ihren Stress zu lindern, insbesondere, wenn Sie ihn mit frisch schmeckendem grünen Tee kombinieren.

Zutaten:

Esslöffel Grünteeblätter
2 Teelöffel getrocknete Zitronenmelisse
1 ½ Teelöffel roher Honig

Zubereitung:

Eine Tasse Wasser zum Kochen bringen. Die Zitronenmelisse und den grünen Tee dazugeben. Die Kräuter fünf bis sieben Minuten ziehen lassen und anschließend abseihen. Den Honig nach dem abseihen dazugeben und gut verrühren. Heiß trinken und entspannen.

Passionsblumentee

Die Passionsblume ist eigentlich ein natürliches Beruhigungsmittel, also sollten Sie auch diesem Tee entweder Grünen oder Weißen Tee hinzugeben. Es bietet sich ebenfalls an, eine Frucht für diesen Tee in Betracht zu ziehen. Für dieses Rezept wird geriebene Orangenschale herangezogen, wodurch der Tee einen wohltuenden Geschmack erhält.

Außerdem hilft er bei Angstgefühlen und Stress und verhilft Ihnen zu einem gesunden Schlaf. So wird Ihnen auch Abhilfe geschaffen, wenn Ihr Stress Sie Schlafmangel kostet bzw. unruhigen Schlaf verursacht.

Zutaten:

1 ½ Teelöffel getrocknete Passionsblume
3-4 frische Minzblätter
1 ½ Teelöffel roher Honig
½ Teelöffel geriebene Orangenschale

Zubereitung:

Eine Tasse Wasser zum Kochen bringen und die Passionsblume, die Minzblätter und die Orangenschale hineingeben. Die Zutaten vier bis sechs Minuten ziehen lassen und anschließend abseihen. Den Honig dazugeben und verrühren, bis er sich aufgelöst hat. Falls gewünscht kann etwas Zitrone hineingegeben werden.

Heiliges Basilikum

Basilikum findet sich oftmals bereits direkt in Ihrem Küchenschrank.

Verwenden Sie doch einmal etwas heiliges Basilikum, um gegen Ihren Stress vorzugehen. Sie werden sehen, dass es hervorragend als Tee geeignet ist. Allerdings wird auch diesem Tee etwas geriebene Orangenschale hinzugegeben, da sie einerseits guten Geschmack verleiht und andererseits leicht zu beschaffen ist. Viele Leute reiben sich Ihre Orangen dafür gerne selbst. Dieser Tee ist relativ einfach zuzubereiten und hält Depressionen auf Abstand, hellt Ihre Stimmung auf und managt Ihren Stress.

Zutaten:

2 Esslöffel getrocknetes heiliges Basilikum
1 Teelöffel geriebene Orangenschale
2 Teelöffel roher Honig

Zubereitung:

Eine Tasse Wasser kochen und anschließend das Basilikum und die Orangenschale hineingeben. Das Ganze vier bis sechs Minuten ziehen lassen.

Die Zutaten abseihen und den Honig dazugeben. Warm oder kalt genießen.

Kamillentee

Dieser simple Tee lässt sich oft schon fertig kaufen. So können Sie ihn ohne viel Aufwand sehr oft trinken. Bedenken Sie aber, dass Kamille ein leichtes Beruhigungsmittel ist und Sie möglicherweise schläfrig macht. Der Kamillentee ist somit eher ein Tee für die Abendzeit, durch den Sie Ihren Stress lindern und mit den körperlichen und psychologischen Symptomen von Stress und Angstgefühlen gleichermaßen aufräumen können.

Zutaten:

2 Esslöffel getrocknete Kamillenblüten
1 Teelöffel roher Honig

Zubereitung:

Eine Tasse Wasser zum Kochen bringen, die Kamille dazugeben und vier bis sechs Minuten ziehen lassen. Es kann auch Minze dazugegeben werden.

Die Kamille abseihen und anschließend den Honig und (bei Bedarf) etwas Zitronensaft dazugeben.

Aromatische Kräuterbäder

Ein Bad kann mehr für Sie tun, als Sie nur zu reinigen. Tatsächlich eignet sich ein Kräuterbad hervorragend dazu, Ihr Stresslevel zu senken. Um den Abfluss nicht zu verstopfen, stecken Sie sie einfach in ein Säckchen. Bei einem Kräuterbad ist es eigentlich das Aroma, das Sie beruhigen und entspannen soll. Machen Sie Ihr Bad allerdings nicht zu heiß, das könnte Ihre Haut austrocknen. Es gibt einige Kräuterbäder, die Sie während des Tages nehmen können, aber merken Sie sich, dass sie ihre Wirkung am besten entfalten, wenn Sie sie abends nehmen: Sie werden Sie nämlich bei Ihrem Schlaf unterstützen und auf lange Sicht für besseren Schlaf sorgen.

Eine erdige Kräutermischung

Rosmarin und Salbei verhelfen Ihrem Bad zu einem erdigen Duft, der Ihnen bei Stress gut helfen kann. Auch sind das zwei Kräuter, die relativ leicht zu beschaffen sind. Die meisten Leute haben sie wohl bereits im Kräuterschrank. Geben Sie sie doch einfach einmal mit in Ihr Bad. Sie werden feststellen, dass zwar auch getrocknete Kräuter funktionieren, frische Kräuter jedoch oft noch besser geeignet sind. Der Rosmarin wird zudem dafür sorgen, dass Ihre Beschwerden und Schmerzen mit Ihrem Stress zusammen verschwinden, und der Salbei, dass aufgestaute Emotionen freigelassen werden können, die durch Ihren Stress verursacht wurden.

Zutaten:

5 Esslöffel getrockneter Salbei
4 Esslöffel getrockneter Rosmarin
5-7 Tropfen ätherisches Zedernholzöl

Anwendung:

Die Zutaten im warmen Wasser vermischen und anschließend zwanzig bis dreißig Minuten darin baden.

Kamille

Kamille steht ganz oben auf der Liste der Kräuterheilmittel, die Ihnen beim Schlaf helfen und Ihren Körper und Ihren Geist beruhigen können. Damit wird sich Ihr Stress im Wasser fast schon von alleine auflösen. Mit warmem Wasser ist das dann fast so, als würden Sie in Kamillentee baden. So erhalten Sie wahrlich all die Entspannung, die Sie brauchen.

Kamillenblüten sind normalerweise am besten geeignet, allerdings können Sie auch auf ätherisches Kamillenöl zurückgreifen, wenn Sie der Stressbekämpfung noch einen weiteren Schub verleihen möchten.

Zutaten:

¼ Tasse Kamillenblüten
3-5 Tropfen ätherisches Kamillenöl

Anwendung:

Die Wanne mit heißem oder warmem Wasser füllen (je nach Präferenz) und die Blüten dazugeben. Zwanzig bis dreißig Minuten baden.

Basilikum & Jasmin

Wenn Sie nach einem Bad suchen, das Sie nicht unbedingt zur Schlafenszeit nehmen müssen, dann ist dieses hier gut für Sie geeignet. Basilikum wirkt als leichtes Aufputschmittel und hilft Ihnen dabei, sich entspannt und gleichzeitig erfrischt zu fühlen, sodass Sie dazu bereit sind, alles zu schaffen, was Sie schaffen müssen. Jasmin hat einen eher aufregenden Geruch und tut seine Wirkung gleichermaßen an Ihren Muskeln und Ihrem Geist. Wenn Sie die Blüten zerkleinern, werden noch mehr der ihnen innewohnenden Eigenschaften ausgeschüttet, wodurch Ihnen bei der Entspannung sogar noch weiter geholfen wird.

Zutaten:

¼ Tasse zerkleinerte Jasminblüten
4 Esslöffel getrocknetes oder frisches Basilikum

Anwendung:

Die Wanne mit heißem Wasser volllaufen lassen und anschließend einfach die Zutaten in einem Säckchen hineingeben.

Lavendelbad

Ein Lavendelbad wirkt sehr entspannend und der Lavendelgeruch kann Ihnen bei Verspannungen, Kopfschmerzen, Migräne, Angstgefühlen, Depressionen und natürlich auch bei Stress helfen. Viele Menschen geben gerne ein ätherisches Öl ihrer Wahl hinzu, allerdings sind getrocknete oder frische Lavendelblüten allein schon mehr als ausreichend, Sie mit einem wohltuenden Kräuterbad zu versorgen, das Sie über die

Nacht entspannt und zudem sicherstellt, dass sich Ihr Stress während des Schlafs nicht störend auswirkt.

Zutaten:

¼ Tasse getrocknete Lavendelblüten
Anwendung:

Ein heißes Bad einlassen und die Lavendelblüten dazugeben. Denken Sie daran, dass Sie (wenn Sie frische Blüten verwenden) die Blüten zusammenpressen und zerkleinern, bevor Sie sie ins Säckchen geben.

Ätherische Öle

Ätherische Öle sind ausgezeichnete Mittel gegen Stress und Angstgefühle und zudem sehr leicht anzuwenden. Stress steht mit vielen Krankheiten in Zusammenhang. Durch die nachfolgenden Öle können Sie sicherstellen, dass er stets kontrolliert bleibt, da es sich dabei um eine tolle, gesunde Methode handelt, mit Ihrem Stress umzugehen. Sie können sowohl beruhigend als auch anregend wirken, wodurch Sie sich gezielt durch Ihren Stress arbeiten oder zumindest kurz davon Abstand nehmen können.

In ätherischen Ölen finden Sie wiederherstellende und beruhigende Effekte, .je nachdem was Sie gerade benötigen. Sie tun ihre Wirkung je nach Person, also unterschiedlich. Manchmal spielt auch die Zeit der Anwendung bei der Wirkungsweise eine Rolle. Es hängt ganz davon ab, was Ihre momentanen Bedürfnisse gerade sein sollten. Mit diesen Ölen können Sie ihr Gleichgewicht wiederherstellen und negative Gefühle wie Ängstlichkeit, Wut, Angst, Stress oder Anspannung ausschalten. Merken Sie sich, dass die Kopfnote fünf bis zwanzig Prozent des Öls ausmachen soll, die Herznote fünfzig bis achtzig Prozent und die Basisnote fünf bis zwanzig Prozent.

Mit dieser Formel werden Sie die besten Ergebnisse erzielen. So können Sie abschätzen, wie viel Sie von jedem einzelnen Öl verwenden müssen, um mit ihren Stress bezogenen Problemen gezielt umgehen zu können.

Lavendel-Öl

Ätherisches Öl aus Lavendel ist ein sehr gängiges Öl mit vielen Anwendungsbereichen, insbesondere bei Stress und Angstgefühlen. Für gewöhnlich wird es als universales ätherisches Öl bezeichnet. Es hilft Ihnen bei Stress, weil es Ihren Körper durch sein Aroma beruhigt. Durch die Lavendelöldämpfe können Sie sich ein viel friedvolles Umfeld schaffen, das Ihnen einen Sinn des inneren Friedens verleiht. Lavendel ist eine Herznote.

Zedernholz-Öl

Auch ätherisches Zedernholzöl hat beruhigende Eigenschaften und eignet sich dementsprechend hervorragend bei Stress und Angstgefühlen. Auch hilft es Menschen mit Aufmerksamkeitsdefizit- / und Hyperaktivitätsstörungen. Es hat einen holzigen, warmen Geruch, ist aber dennoch sehr weich. Es lässt sich sehr gut mit Rosmarinöl, Muskat-Salbeiöl oder Zypressenöl vermischen. Zedernholzöl stimuliert zudem die Pinealdrüse und das limbische System Ihres Gehirns. Letzteres ist das Zentrum Ihrer Emotionen. So wird Ihnen dabei geholfen, Melatonin auszuschütten, das eine wichtige Rolle dabei spielt, dass Sie einen richtigen Schlafrhythmus verfolgen und einhalten. Sie können dieses Öl also direkt auf der Haut über Ihrem Gehirnstamm auftragen, also dort, wo der Nacken in den Kopf übergeht. Natürlich benötigen Sie dafür noch ein Trägeröl. Es tut seine Wirkung jedoch auch, wenn Sie es mit einem Diffusor in der Luft verteilen. Zedernholzöl ist ein Basisöl.

Jasmin

Jasmin hat ein stimulierendes Aroma und hilft Ihnen dabei, Ihre Stimmung zu heben und dadurch Raum für mehr Optimismus und Selbstbewusstsein zu haben. Es eignet sich also sehr gut, wenn Sie mit Depressionen kämpfen, die Ihrem Stress geschuldet sind. Außerdem hilft es bei Schlaflosigkeit, Kopfschmerzen und führt dazu, dass Sie sich besser entspannen können. Das Öl kann entweder direkt auf der Haut aufgetragen

werden oder mit einem Diffusor im Raum verteilt werden. Wie gesagt, Jasminöl ist ein Stimmungsaufheller. Sie können es mit anderen Ölen mischen, wie Zitronengras, Mandarine, grüner Minze, Rose oder Melisse. Es hat einen sehr starken, blumigen Geruch.
Merken Sie sich aber, dass Sie auf jeden Fall reines Jasminöl benötigen und nicht auf synthetisch hergestelltes Öl zurückgreifen. Das hätte nämlich nicht die gleichen Eigenschaften. Jasminöl kann leider etwas teuer sein, wenn Sie es in reiner Form erwerben wollen. Deshalb ist es eher kein so geläufiges Öl, obgleich es sehr nützlich und empfehlenswert ist. Jasminöl ist ebenfalls eine Basisnote.

Orange

Im Gegensatz zu Jasminöl ist ätherisches Orangenöl sehr leicht zu beschaffen und lässt sich demzufolge auch leichter täglich anwenden. Es hilft Ihnen bei Depressionen und kann Ihr Immunsystem stärken. Sie können es entweder im Raum verteilen oder gar einnehmen, wenn Sie auf ein genießbares Öl zurückgreifen. Orangenöl wirkt als Verstärker und sollte am besten mit Lavendelöl, Palisanderöl oder Zimtrindenöl kombiniert werden. Es hat einen frischen, fruchtigen Geruch, der auch ein wenig süß wirkt.

Tragen Sie das Öl aber nicht direkt auf die nackte Haut auf, wenn Sie in den nächsten zwölf Stunden vorhaben, in die Sonne zu gehen. Das Öl kann nämlich das Risiko eines Sonnenbrandes erhöhen. Verwenden Sie also ein Trägeröl dazu oder vermeiden Sie direktes Sonnenlicht. Ätherisches Orangenöl ist eine Kopfnote.

Rose

Ätherisches Rosenöl ist ebenfalls sehr gut geeignet. Sie benötigen ein für Therapiezwecke geeignetes Öl, achten Sie aber darauf, dass es sehr aufdringlich sein kann. Verwenden Sie also immer nur eine kleine Menge des Öls und greifen Sie, falls möglich auf ein Trägeröl zurück. Rosenöl wird für gewöhnlich eher in einer Mischung verwendet als in seiner Reinform. Es fördert Ihr Wohlbefinden und wird Ihren Geist stimulieren und dadurch sicherstellen, dass Sie Ihr inneres Gleichgewicht wiederfinden. Rosenöl lässt sich hervorragend mit Zitrusölen, Pinienöl, Patschuliöl oder Muskat-Salbeiöl vermischen. Sein würziger und blumiger Duft, der sehr tief und sinnlich ist, sollte allerdings nicht während einer Schwangerschaft verwendet werden. Seien Sie auch (wie beim Jasminöl) vor billigen Imitaten gewarnt, die nicht die gleiche Wirkungsweise an den Tag legen.

Rosenöl lässt sich als Herz- oder Basisnote heranziehen.

Baldrian

Dieses ätherische Öl hilft sowohl bei Stress als auch bei Ihrem Schlaf. Am besten wäre es, wenn Sie es mit einem Diffusor im Raum verteilen. Trotz seiner Anwendung zur Schlafförderung kann es bei manchen Menschen leicht anregend wirken. Leider hat es für die meisten Menschen keinen sehr angenehmen Geruch, deshalb wird es meistens in Ölmischungen verwendet. Es steht jedoch außer Frage, dass es erstaunliche Wirkungen gegen Stress und Angstgefühle hat. Sie können Baldrianöl zudem auch auf der Haut anwenden. Normalerweise reibt man sich dafür die Fußsohlen oder die Handgelenke ein.
Sollten Sie ein zum Verzehr geeignetes Öl oder ein Nahrungsergänzungsmittel besitzen, so können Sie Baldrian auch innerlich anwenden. Dafür können Sie das Öl beispielsweise in einem Teelöffel Honig oder circa 10 ml Flüssigkeit auflösen und dann zu sich nehmen. Geben Sie Baldrian allerdings niemals Kindern, insbesondere nicht Kindern, die jünger sind als sechs.

Da Baldrianöl aufgrund seines unangenehmen Geruchs normalerweise nicht mit einem Diffusor verteilt wird und auch nicht als Ölmischung empfohlen werden kann, ist ein direktes Auftragen auf die Haut normalerweise die sinnvollste Anwendungsmöglichkeit.

Majoran

Majoran ist gewissermaßen ein Glückskraut und als die Freude des Berges bekannt. Es wurde schon von den alten Römern und

Griechen als Muskelrelaxan verwendet. Außerdem fördert es einen gesunden Schlaf. Es wirkt zudem toll gegen migräneartige Kopfschmerzen. Verteilen Sie das Öl am besten im Zimmer und kombinieren Sie es mit Orangenöl, Lavendelöl, Kamillenöl, Zedernholzöl, Rosmarinöl oder Muskatöl. Majoranöl hat eine sehr milde, würzige und grüne Note. Wenden Sie es allerdings nicht an, wenn Sie schwanger sein sollten. Majoran ist eine Herznote, die als Ausgleicher und Verstärker wirkt.

Orangenblüte

Zwischen ätherischem Orangenblütenöl und reinem Orangenöl besteht ein Unterschied. Orangenblütenöl ist entspannend, fördert Ihr Selbstbewusstsein, erfüllt Sie mit Hoffnung, Sinnlichkeit und Frieden und wirkt sehr beruhigend. Es ist eine Herznote, die süß und leicht bitter riecht.

Orangenblütenöl lässt sich hervorragend mit Jasminöl, Lavendelöl und Rosenöl mischen. Sie können Ihre Stimmung damit ausgezeichnet anheben, außerdem ist dieses Öl nicht sonderlich schwer zu beschaffen (im Gegensatz zu manch anderen ätherischen Ölen). Wenn Sie wirklich die besten Ergebnisse damit erreichen wollen, dann verwenden Sie ätherisches Orangenblütenöl am besten als Gemisch und nicht in reiner Form.

Sandelholz

Dieses Öl beeinflusst das limbische System des Gehirns, wodurch sowohl Ihr Immunsystem als auch Ihre Emotionen wieder ins Gleichgewicht rücken. Es kann entweder direkt auf die Haut aufgetragen werden oder mit einem Diffusor verteilt werden. Viele Menschen verwenden Sandelholzöl gerne zusammen mit einem Trägeröl, wenn sie es auf die Haut auftragen. Das Öl ist zudem ein Modifikator. Es lässt sich sehr gut mit Zypressenöl, Zitronenöl, Fichtenöl oder Patschuliöl mischen. Sandelholzöl ist eine Basisnote und hat einen leicht minzigen, fruchtigen Geruch.

Wichtig: Sie müssen damit im Falle einer Schwangerschaft nur etwas vorsichtig sein. Viele Ärzte raten von einer Verwendung dann sogar komplett ab.

Sandelholzöl kann etwas teuer sein, da der Bestand an Sandelholzbäumen zurückgeht. Außerdem müssen Sie immer ein Auge auf die Qualität des Öls werfen, das Sie erwerben möchten.

Römische Kamille

Römische Kamille hilft bei Schlafproblemen und kann Sie entspannen. Außerdem werden damit Wut, alte Gefühle, Ängste und Stress vertrieben. Tragen Sie dieses Öl am besten direkt auf die Haut auf; Sie können es aber auch mit einem Diffusor im Raum verteilen, wenn Sie das wünschen. Bei einer direkten Anwendung auf der Haut sollten Sie zwei Tropfen verwenden und diese auf Ihre Schläfen oder in Ihren Nacken einreiben.

Da das Öl schlaffördernd wirkt, sollten Sie es am besten vor dem Zubettgehen verwenden. Sie können es aber auch heranziehen, wenn Sie kurz vor einer schwierigen Situation stehen. Ihnen wird damit geholfen, Ihre Gefühle auszudrücken. Die meisten Menschen reiben sich das Öl für diese Zwecke (normalerweise während der Meditation) direkt auf den Hals. Es wirkt umso besser, wenn Sie es mit Muskat-Salbeiöl, Rosenöl, Lavendelöl oder Geranienöl mischen. Römisches Kamillenöl ist eine Herznote, die einen frischen, süßen Duft hat. Sollten Sie allerdings eher sensible Haut haben, müssen Sie es etwas verdünnen, da es die Haut sehr leicht reizen kann.

Echte Kamille

Stellen Sie jederzeit sicher, dass Sie sich über die verschiedenen Kamillenarten im Klaren sind, bevor Sie ein ätherisches Öl davon erwerben. Echte Kamille unterscheidet sich nämlich von Römischer Kamille. Dieses Öl kann Sie von Wut befreien und Ihre Gefühle wieder ins Gleichgewicht rücken. Es wäre am besten, wenn Sie es mit einem Diffusor verteilen oder inhalieren. Kamille passt gut zu Lavendelöl, Majoranöl, Zitronengrasöl, Fichtenöl oder Sandelholzöl. Es ist eine Herznote, die einen tiefen, ausdrucksvollen Geruch hat. Echtes Kamillenöl kann jedoch die Haut reizen und sollte nicht während einer Schwangerschaft verwendet werden.

KAPITEL 12
MIT CLEVEREN ROUTINEN ANSPANNUNG UND HEKTIK VERMEIDEN

Ihre täglichen Gewohnheiten werden Ihren Stress entweder verursachen oder dazu beitragen, ihn zu reduzieren. Sie müssen also die richtigen Entscheidungen treffen, um sicherzustellen, dass Ihr Stress durch Ihre Gewohnheitswahl auch wirklich reduziert anstatt erhöht wird, wenn Sie ihn auf natürliche Art und Weise managen wollen. Es wird nicht ausreichen, wenn Sie jeden Tag nur eine Tasse Stress lindernden Tee trinken. Ihre Gewohnheiten sind in dieser Hinsicht oftmals viel bedeutsamer als das, was Sie Ihrem Körper zuführen. Und selbst wenn ein Getränk gegen Stress helfen kann, so reicht es alleine und für sich genommen leider nicht immer aus.

Treiben Sie täglich Sport

Es ist erwiesen, dass Ihr Körper besser mit Stress umgehen kann, wenn Sie körperlich aktiv sind. Dadurch halten Sie die körperlichen Auswirkungen von Stress auf Abstand und sorgen gleichzeitig dafür, dass Ihr geistiger Zustand besser dafür gerüstet ist, mit Stress umzugehen. Es muss sich bei der von Ihnen gewählten Sportart um nichts allzu Schweres handeln; wichtig ist nur, dass Sie mindestens dreißig bis sechzig Minuten pro Tag Sport treiben.

Dabei wirken zwei dreißigminütige Sessions normalerweise am besten. Sie werden sehen, dass Sie sich damit ausgezeichnet auf Stress vorbereiten können.

Außerdem wird Ihrem Schlaf geholfen und Sie erhalten das Gefühl, dass Sie etwas erreicht haben. Täglicher Sport verleiht auch im Nachhinein noch Energie und bereitet Sie auf alles, das sich Ihnen in den Weg stellen könnte, ausgezeichnet vor. Der Sport selbst ist auch eine tolle Möglichkeit, Stress loszuwerden, da Sie dadurch ein Ventil für Ihren Frust oder Ihre Wut erhalten.

Lassen Sie Hausarbeiten nicht liegen

Sie mögen vielleicht denken, dass Ihre Hausarbeiten Sie herunterziehen könnten und dadurch noch mehr Stress verursacht wird. Wenn Sie sie jedoch liegen lassen, dann werden Sie sich ständig bewusst oder unterbewusst über sie Gedanken machen. Es ist also immer besser, Ihre Aufgaben im Haushalt gleich aus dem Weg zu räumen und dadurch sicherzustellen, dass Sie nichts auf den nächsten Tag schieben müssen. Eine Aufgabenliste wäre für diese Zwecke sehr empfehlenswert. Denn, selbst wenn Sie nicht alle Aufgaben an einem Tag schaffen sollten, ist es immer besser, wenn Sie einen Plan haben. Dadurch werden Sie sich hinsichtlich Ihrer Aufgaben nicht allzu überwältigt fühlen. Überwältigung kann schließlich bekanntermaßen auch wiederum Stress auslösen.

Wenn Sie das Gefühl haben, dass Sie zu wenig Zeit für zu viele Hausarbeiten haben, dann kann das Probleme verursachen. Sie müssen damit also umgehen. Sie sollten beispielsweise damit aufhören, dreckiges Geschirr über Nacht im Spülbecken stehen zu lassen. Wenn Sie das nämlich tun, dann wachen Sie morgens auf und müssen mit dem Geschirr vom Vortag beginnen. Außerdem wird Ihnen klar, dass im Laufe des Tages noch mehr dazukommt, weil Sie es gestern versäumt haben, Ihr Geschirr gleich zu spülen. Räumen Sie für solche Hausarbeiten also jeden Tag Zeit ein. Manche Aufgaben, wie Staubsaugen, müssen Sie selbstverständlich nur einmal wöchentlich machen, je nachdem, wie schnell es bei Ihnen zu Hause schmutzig wird. Solche Punkte müssen also nicht jeden Tag mit auf Ihre Liste.

Machen Sie sich Komplimente

Das fällt vielen Menschen oft schwer. Wenn Sie sich zu gestresst fühlen, dann fühlen Sie sich ebenfalls unsicher und niedergeschlagen. Das macht es dann natürlich oft extrem schwer, die Dinge zu tun, die nötig sind, um Stress und Depressionen zu vermeiden. Sie müssen also etwas finden, für das Sie sich Komplimente geben können. Das können Sie über den ganzen Tag hinweg tun, versuchen Sie aber, mindestens einmal täglich dafür Zeit zu finden. Am Morgen ist das für gewöhnlich am einfachsten, da Sie sich zu dieser Zeit anziehen.

Viele gestresste Menschen denken nicht, dass sie hübsch aussehen, da es ihnen dafür am Selbstbewusstsein fehlt. Sagen Sie sich, dass Ihr Haar gut aussehen, dass Sie schlau sind oder dass Sie so aussehen, als ob Sie bereit dazu seien, den Tag und seine Herausforderungen anzugehen. Oder, dass Ihre Augen heute besonders strahlen und Sie die richtige Farbwahl bei Ihrer Kleidung getroffen haben. So ziemlich jedes Kompliment kann helfen und Ihrem Selbstbewusstsein einen Schub verleihen, wodurch Sie von ein wenig Stress befreit werden und etwas gelassener werden.

Schlafen Sie nach Plan

Stress wird Ihren Schlaf negativ beeinflussen und zu wenig Schlaf wird noch mehr Stress verursachen. Das ist ein Teufelskreis, den es zu durchbrechen gilt, wenn es darum geht, den Stress in Ihrem Leben zu verringern. Stress kann Sie daran hindern, die von Ihnen benötigte Schlafmenge zu bekommen, hat allerdings auch schädliche Auswirkungen auf Ihre Schlafqualität.

Sie müssen angemessen viele Stunden Schlaf festlegen, um den vor Ihnen liegenden Tag auch genießen zu können. Es ist sehr wichtig, um die acht bis neun Stunden Schlaf zu bekommen. Deshalb eignen sich Kräutertees oder -bäder hervorragend vor dem Zubettgehen. So stellen Sie sicher, dass Sie die von Ihnen benötigte Schlafmenge erhalten. Manchmal verlangt es Sie vielleicht sogar danach, einen Tee einzunehmen, um Ihren Schlaf zu fördern, wenn Ihre Schlafprobleme mal wieder zu schlimm werden.

Fangen Sie also damit an, sich einen richtigen Schlafzeitplan aufzustellen. Stellen Sie sicher, dass Sie jeden Tag um dieselbe Zeit ins Bett gehen. Oft kann es so sein, dass Sie dreißig Minuten eher ins Bett gehen möchten, sodass Sie auf der anderen Seite dreißig Minuten eher aufstehen können. Durch einen Plan wird Ihnen dabei geholfen, sicherzustellen, dass Sie die richtige Schlafmenge erhalten. Sollten Sie eine unruhige Nacht gehabt haben, können Sie im Laufe des Tages immer noch ein Nickerchen machen. So werden Sie am nächsten Tag nicht verschlafen und trotzdem die für Sie angemessene Schlafmenge bekommen.

Fangen Sie an, Nein zu sagen

Manchmal müssen Sie einfach einmal Nein sagen. Das bedeutet nicht, dass Sie egoistisch handeln, doch manchmal müssen Sie Ihren Mitmenschen ein klares Nein bieten. Sie müssen sich ab und an Zeit für sich selbst nehmen. Sie sollten nicht in Dingen feststecken, die Sie für andere tun und eigentlich gar nicht tun müssen, wenn Sie das nicht wollen. Sagen Sie also einfach Nein. Das zu lernen ist für gewöhnlich ein wenig schwer, es wird Sie aber zu einer gesünderen Person machen.

Ihre Mitmenschen sollten für Sie da sein; Sie sollten nicht nur für das da sein, was Sie für sie tun können. Echte Freunde und eine gute Familie werden bei Ihnen bleiben, selbst wenn Sie einmal nichts für sie erledigen können. Gelegentlich ist es natürlich in Ordnung, etwas für jemanden zu tun, um ihm auszuhelfen, selbst wenn es sich dabei um eine kleine Unannehmlichkeit handelt. Oftmals sollten Sie diese Zeit aber eher für sich selbst heranziehen, wenn Sie Ihren Stress nicht die Oberhand gewinnen lassen wollen.

Legen Sie eine Zeit für den Stress fest

Letzten Endes müssen Sie natürlich mit Ihrem Stress umgehen, allerdings ist es so, dass die meisten Stressfaktoren nicht sofort angegangen werden müssen. Sie werden sehen, dass Sie mit diesen Faktoren für gewöhnlich erst später umgehen müssen. Es sollte sich dabei um eine Zeit handeln, zu der Sie nicht beschäftigt sind und Sie einen befreiten Geist haben, zum Beispiel, nachdem Sie etwas anderes gegen Ihren Stress getan haben, wie Joggen gehen, Musikhören, Meditation oder einen Kräutertee trinken.

Wenn Sie eine Zeit haben, zu der Sie sich um Ihre Stressfaktoren Gedanken machen können, dann werden Sie nicht das Bedürfnis haben, das die ganze Zeit über zu tun. So haben Sie die Möglichkeit, Ihre Probleme erfolgreich zu lösen, da Sie zur richtigen Zeit die richtige geistige Einstellung haben.

Wenden Sie niemals nur eine einzige Gewohnheit an. Sie sollten sie immer kombinieren. Je mehr Sie miteinander kombinieren, desto weniger Stress werden Sie verspüren. Wenn Sie in Ihrem Leben die richtigen Entscheidungen treffen, dann werden Sie weniger gestresst sein. Sie werden erkennen können, dass Ihr Leben gut verläuft und Sie werden sich gesünder fühlen und tatsächlich gesünder sein – mental, emotional und körperlich. Und das alles nur aufgrund Ihrer Gewohnheiten und der ihnen geschuldeten Stresslinderung.

KAPITEL 13
MIT KÖPFCHEN TÄGLICH GELASSENER LEBEN

Natürlich gibt es auch ein paar Bonustipps und -tricks, die Ihnen bei Stress zusätzlich noch helfen können. Es besteht absolut keine Notwendigkeit, eine große Menge Stress in Ihrem Leben mit sich herumzuschleppen. Das wird zwar manchmal trotzdem ganz natürlich passieren, muss sich aber nicht allzu sehr aufbauen. Wer clever an seine täglichen Aufgaben geht, kann erheblich gelassener und relaxter leben:

Bereiten Sie sich auf den Tag vor

Wie altmodisch, aber es ist tatsächlich am besten, wenn Sie sich auf den nächsten Tag vorbereiten, falls Sie sich nicht zu sehr stressen möchten. Sie müssen dabei zwar flexibel bleiben, Sie werden aber sehen, dass es dennoch viele Möglichkeiten gibt, wie Sie sich trotzdem auf den Tag vorbereiten können, sodass er ein wenig glatter abläuft. Wenn Ihr Tag besser läuft, dann sind Sie viel eher dazu in der Lage, mit stressigen Situationen umzugehen oder sie sogar gänzlich und mit Leichtigkeit abzutun.

Auf Ihren Tag vorbereiten können Sie sich beispielsweise, indem Sie Ihre Kleidung am Vorabend schon bereitlegen. Wenn Ihre Morgenroutine glatt verläuft, dann ist es gleich viel wahrscheinlicher, dass damit einhergehend Ihr gesamter Tag prima wird. Sie sollten ebenfalls genau festlegen, was Sie am nächsten Tag alles erledigen möchten. Nehmen Sie aber nichts auf, das nicht wichtig ist. Sie können natürlich nicht jeden einzelnen Moment durchplanen, aber es ist zumindest wichtig, dass Sie sich um so gut wie alle wichtigen Ereignisse gekümmert haben.

Konzentrieren Sie sich auf nur eine Sache

Manchmal ist es unmöglich, sich auf eine Vielzahl verschiedener Dinge zu konzentrieren. Manchmal ist es besser, sich auf genau das zu konzentrieren, was direkt vor einem liegt. Ansonsten könnte es passieren, dass sogar eher weniger mit Stress behaftete Dinge viel zu überwältigend wirken, wodurch Ihr Stress dann nicht mehr handhabbar erscheint. Wenn Sie sicherstellen, dass Sie sich auf Ihre unmittelbare Aufgabe konzentrieren, dann werden Sie diese Aufgabe auch besser absolvieren können.

Sie können diese Aufgabe damit zu Ende bringen und sich dann auf die nächste konzentrieren. Wenn Sie weitermachen, dann können Sie etwas von Ihrer Aufgabenliste streichen oder kurz den Moment genießen und etwas Entspannendes tun. Hier macht sich dann Ihr Plan nützlich, da Sie auf diese Weise immer im Augenblick leben können, sich auf das, was vor Ihnen liegt, konzentrieren und gleichzeitig sicherstellen, dass Sie nichts Wichtiges vergessen.

Seien Sie ab und zu einmal albern

Das können Sie natürlich nicht jederzeit sein, allerdings geht es genauso wenig, jederzeit ernst zu bleiben. Sie müssen sicherstellen, dass Sie genug Zeit haben, Ihrem inneren Kind etwas nachzugeben. Gestatten Sie es sich also ab und zu, etwas albern zu sein. Das muss sich natürlich nicht vor anderen Leuten abspielen, falls Ihnen das unangenehm sein sollte, trotzdem wäre es sinnvoll, mindestens einmal am Tag das Kind in Ihnen hervorzuholen.

„Humor ist, wenn man trotzdem lacht."

Otto Julius Bierbaum

Es ist vollkommen in Ordnung, sich manchmal ein wenig unreif zu geben, da es Ihnen eine wertvolle Pause vom stressigen Leben eines Erwachsenen bietet. Sie können nur einen Moment albern sein oder eine ganze Stunde; wenn Sie es dann sind, können Sie einen Großteil Ihres Stresses verbannen. Sie fühlen sich garantiert viel leichter und jünger. Sorgen um Geld, Gesundheit, Kinder oder das marode Auto rücken in den Hintergrund.

Kauen Sie Kaugummi

Das mag sich vielleicht etwas seltsam anhören, aber es ist erwiesen: Kaugummi kauen kann Stress reduzieren. Es ist prinzipiell egal, auf welche Art Kaugummi Sie zurückgreifen – aber probieren Sie doch einmal Minze aus, dieser Geschmack kann sehr gut helfen. Kaugummi senkt den Cortisolspiegel, wodurch Sie Ihren Stress fast sofort lindern können. Natürlich werden Ihre Probleme dadurch nicht gelöst, allerdings können Sie sie etwas ruhiger betrachten, sodass Sie dazu in der Lage sein werden, sie selbst zu lösen. Es ist also immer eine gute Idee, etwas Kaugummi zur Hand zu haben.

Haben Sie Sex

Wenn es möglich ist, dann sollten Sie Sex haben. Sex hilft dabei, Stress abzubauen. Es ist also sehr hilfreich, wenn Sie mit jemandem Sex haben können, den oder die Sie lieben. Dadurch entsteht einerseits eine gesunde Beziehung und andererseits wird Ihr Stress fast unmittelbar gelindert. Die körperlichen Symptome von Stress werden reduziert und die Spannung aus Ihrem Körper genommen. Außerdem werden Kopfschmerzen gelindert und Ihr Hormonhaushalt im Gleichgewicht gehalten.

Machen Sie ein Nickerchen

Schlaf ist wichtig für die allgemeine Gesundheit und, wie gesagt, auch gegen Stress. Wenn Sie ausgeruhter sind, dann können Sie besser mit stressigen Situationen umgehen und den Tag vor sich in Angriff nehmen. Ignorieren Sie es nicht einfach, wenn Sie müde sind. Sie sollten möglicherweise ein kleines Nickerchen machen. Falls Sie es brauchen, können Sie sich einen Wecker stellen, das ist jedoch nicht immer nötig. Ein Nickerchen trägt auch dazu bei, dass Ihr Cortisolspiegel sinkt, wodurch Stress und die damit einhergehenden körperlichen Symptome gelindert werden.

Mit diesen Routinen können Sie viel Ruhe und Entspannung in tägliche Aufgaben und stressige Situationen bringen. Noch intensiver können Sie an sich arbeiten, wenn Sie sich Ihren Energien widmen und eine der ältesten Energielehren für sich testen.

KAPITEL 14
CHAKREN – VOM GESUNDEN UMGANG MIT ENERGIEN

Es geht kein Weg drum herum, dass Sie sich Ihrem Stress immer irgendwann stellen müssen, egal wie sehr Sie ihn auch reduziert haben. Sie können sich nicht einfach vor all Ihren Problemen verstecken. Sie müssen diese Probleme angehen und mit ihnen umgehen. Entfernen Sie alles Stressige aus Ihrem Leben, was auch negative Einflüsse miteinschließt. Sie brauchen solche Einflüsse in Ihrem Leben nicht. Denken Sie also daran, dass Sie sie manchmal eben einfach entfernen sollten. Sie können zwar nicht alles in Ihrem Leben wieder selbst ins Lot rücken, tun Sie aber zumindest Ihr Bestes, alles wieder in Ordnung zu bringen, dass in Ihrer Macht steht. Gehen Sie mit allem um, mit dem Sie umgehen können.

Diese Bewältigungsmechanismen sollen nur sicherstellen, dass Sie in einem vernünftigeren Geisteszustand sind, mit dem Sie Ihre stressigen Probleme vollständig lösen können. Dazu gehört auch viel Kraft und Energie. Und der gekonnte Umgang mit seinen persönlichen Energien.

Wie das funktioniert? Chakren lautet das Zauberwort. Das sagt Ihnen nichts? Da stehen Sie nicht alleine. Und dabei sprechen wir von einer Energielehre, die bereits mindestens seit dem 8. Jh. n. Chr. gelehrt wird. In den Westen brachte es der englische Dichter und hinduistische Philosoph Sir John Woodroffe, der 1918 darüber schrieb.

Was versteht man unter Chakren?

Bevor Sie überhaupt damit anfangen können, sämtliche Vorteile der Chakra-Meditation und des Chakra-Ausgleichs zu verstehen, müssen Sie natürlich zunächst erst wissen, was ein Chakra eigentlich ist. Und das kann ein ziemlich schwer verständliches Konzept für einige Leute sein. Sie sollten sich für den Anfang also merken, dass es drei hauptsächliche Chakra-Punkte gibt. Mehr noch nicht.

Das Wort Chakra lässt sich übrigens mit Rad übersetzen, manchmal auch mit Scheibe. Es wird als aufgewirbelte Energiekugel in einem bestimmten Teil Ihres Körpers gesehen und es wird behauptet, dass ein Chakra einem bestimmten Punkt im Körper entspricht, der wiederum normalerweise mit Nerven und Organen korrespondiert.

Die Haupt-Chakren sind entlang der Wirbelsäule angeordnet. Sie verlaufen dabei den ganzen Weg vom Steiß bis an die Spitze Ihres Kopfes, wobei Sie sie sich als verwirbelte Energie vorstellen müssen. Chakren stellen die Punkte dar, an denen sich Ihr Geist bzw. vielmehr Ihr Bewusstsein mit Materie bzw. vielmehr Ihrem Körper treffen soll.

Die unsichtbare Energie, die ein Chakra darstellt, wird oft Prana genannt. Prana wird als Teil der lebenswichtigen Lebenskraft gesehen – manchmal sogar als die Lebenskraft selbst. Die Lebenskraft hält Sie gesund, kräftig und am Leben. Was das Wichtigste ist, Chakren haben im geöffneten Zustand den Zweck, Sie gesund zu halten. Es ist sehr wichtig, die Chakren zu Ihrem Vorteil zu nutzen, wenn Sie spirituelles, mentales und körperliches Wohlbefinden erreichen möchten, ohne irgendetwas opfern zu müssen.

Chakren korrespondieren mit den Nervenzentren in Ihrem Körper. Die sieben Haupt-Chakren sind einerseits Nervenbündel, andererseits wichtige Organe, die wiederum mit Ihrem spirituellen Zustand, Ihrem psychologischen Zustand und sogar Ihrem emotionalen Zustand korrespondieren. Die Energie befindet sich dabei stets in Bewegung, und deshalb ist es auch wichtig, dass Ihre Chakren geöffnet bleiben, sollen sie die Energie doch ständig fließen lassen können. So können die

Chakren nicht blockiert werden und der Energiefluss kann Sie entsprechend gesund halten. Sobald ein Chakra-Punkt blockiert ist, befinden Sie sich nicht mehr im Gleichgewicht.

Das kann körperliche, emotionale und mentale Probleme verursachen, die von Ihrem Körper und Ihrem Geist ihren Tribut zollen werden. Schließlich wird sogar Ihr spirituelles Ich negativ beeinflusst. Das heißt, Sie müssen zu gegebener Zeit aktiv daran arbeiten, die Chakren wieder freizumachen. Sie jedoch offen zu halten ist eine große Herausforderung, wenn Sie sich Ihres Chakras gar nicht richtig bewusst sind. Dieses Bewusstsein für Ihr Chakra zu entwickeln, ist also der erste Schritt, um sicherzustellen, dass Sie Ihre Chakren zu Ihrem Vorteil einsetzen. Es ist der erste Schritt, um gesund zu bleiben und mit allem umgehen zu können, was Ihnen das Leben so in den Weg stellt.

Was ein Chakra blockieren kann

Ihr Chakra offen zu halten bedeutet, dass Sie über die Dinge Bescheid wissen müssen, die Ihre Chakren blockieren und deren Fluss unterbrechen könnten, während Sie versuchen gesund zu bleiben. Einer der Hauptaspekte, der Ihr Chakra negativ beeinflussen kann, ist negative Emotionen. Das Traurige dabei ist, dass es sich nicht einmal um Ihre eigenen Emotionen handeln muss. Die Negativität anderer kann sich ebenfalls schlecht auf Sie auswirken und krank machen.

Sie müssen dementsprechend darauf Acht geben, mit welchen Menschen Sie sich umgeben, wenn Sie wirklich gesund bleiben wollen. Auch müssen Sie sicherstellen, dass Sie Ihre eigenen negativen Emotionen unterdrücken und mit ihnen umgehen. Das müssen Sie auf eine gesunde Weise tun: wenn Sie diese schlechten Gefühle bloß anstauen lassen, dann werden Ihre Chakra-Pfade mit Sicherheit blockiert, was wiederum Ihre Nerven und Organe, sowie Ihren mentalen und emotionalen Zustand negativ beeinflusst.

Wenn Sie versuchen, einen Teil von sich selbst zu verdrängen, dann blockieren Sie gleichzeitig Ihr Chakra. Viele Krankheiten tun dies ebenfalls – das schließt jedwede emotionalen und mentalen Krankheiten mit ein, wie Angstgefühle, Depressionen und Stress. Das ist nur einer der Gründe, warum Meditation so wichtig ist. Sie werden natürlich feststellen, dass es viel leichter ist mit Stress umzugehen, wenn Sie sich von vornherein aktiv um Ihre Chakren und Ihren Körper kümmern. Stress ist eine der Hauptursachen, warum Chakra-Pfade blockiert werden; allerdings kann das auch viele andere Gründe haben, z.B. ein Energieungleichgewicht aufgrund des Ortes, an dem Sie sich gerade befinden oder durch den Sie gerade reisen.

Die Bedeutung von Gleichgewicht & Meditation

Die Wichtigkeit von Gleichgewicht und Meditation für Ihre Chakren begründet sich darin, wie die Niveaus von Stress und Angstgefühlen verringert werden. Das kann dabei helfen, mentale Störungen, wie beispielsweise Depressionen, zu lindern. Ihr mentaler, emotionaler und körperlicher Zustand werden miteinander ins Gleichgewicht gesetzt. So können Sie im Leben stets vorankommen.

Auch wird Ihnen dabei geholfen, Trauer und seelisches Leid besser zu verarbeiten, was es Ihnen gestattet, auch unter Druck arbeiten zu können. Wenn Sie Ihre Chakren ausgleichen, werden Sie mit allem, was Ihren Weg kreuzt, leichter zurechtkommen und Frieden finden. Chakra-Meditation hilft Ihnen dabei, alles, was Ihnen passiert, zu verarbeiten – und zwar genau dann, wenn es passiert oder direkt im Anschluss.

Die Chakra-Meditation kann einen Ausgleich der Chakren nicht weiter nötig machen. Über negative Ereignisse im Leben hinwegzukommen ist in jedermanns Leben wichtig, allerdings insbesondere dann, wenn Sie sich wegen dieser Ereignisse krank oder sehr emotional fühlen. Regelmäßiges Meditieren wird Ihnen schon helfen – bei der Chakra-Meditation stellen Sie jedoch zudem noch sicher, dass Ihre Konzentration darauf liegt, Ihre Energiepunkte offen zu halten. So erhalten Sie sich einen gesunden Körper und eine gesunde Mentalität und halten sowohl Ihre emotionale als auch Ihre spirituelle Seite im Gleichgewicht.

Die Chakra-Punkte

Sie wissen jetzt schon, dass sich in Ihrem Körper sieben Chakra-Punkte befinden. Bevor Sie jedoch damit beginnen können, diese Punkte auszugleichen und durch eine geführte Chakra-Meditation zu gehen, müssen Sie verstehen, was diese Punkte eigentlich sind. Jeder Chakra-Punkt beeinflusst einen bestimmten Teil Ihres Körpers. Wenn dieser Punkt blockiert ist, sollten Sie jederzeit darüber Bescheid wissen, was durch diese Blockade und durch fehlende Chakra-Mediation entsprechend in Ihrem Leben negativ beeinflusst wird.

Das erste Chakra:

Das erste Chakra ist auch als das sogenannte Wurzel-Chakra bekannt. Es befindet sich an der Basis Ihrer Wirbelsäule. Das Symbol dieses Chakras ist das rote Quadrat. Es offenbart sich als Verbindung mit der Erde, bringt Ihnen Stabilität, einen Sinn der Erdung und einen Überlebenssinn. Dieses Chakra ist mit Ihrem Geruchssinn, Ihren Nieren, Ihrer Blase, Ihrem Rückgrat, der Prostata und den Nebennieren verbunden. Es soll Ihren Selbsterhaltungstrieb, Ihr Vertrauen und Ihr Verlangen, sich in der körperlichen Welt aufzuhalten und das zu erleben, was diese Welt zu bieten hat, beherbergen.

Es steht oft in Beziehung mit dem Planeten Mars, und sein Edelstein, der Ihnen dabei hilft, es auszugleichen, ist rotgelblich. Falls sich Ihr erstes Chakra nicht im Gleichgewicht befindet, könnten Sie sich übermäßig habgierig verhalten oder angsterfüllt sein, und wenn zu wenig Energie hindurchfließt, fühlen Sie sich schikaniert und nicht mit der Erde verbunden. Der Hauptaspekt dieses Chakras ist die Unschuld in der Welt, die Sie mit ihm tragen.

Sollte dieses Chakra blockiert sein, fühlen Sie sich so, als ob entweder die Leute mit denen Sie sich umgeben oder Ihre Umwelt Sie fesseln. Ihnen mag es möglicherweise gar nicht richtig klar sein, warum Sie sich überhaupt gefesselt fühlen – vielleicht träumen Sie nicht einmal mehr oder es fehlt Ihnen an Vorstellungskraft. Ihnen fällt es schwer, sich an Veränderungen anzupassen. Sie fühlen sich sehr unbeständig, allerdings gibt es auch körperliche Auswirkungen: Ihnen wird auffallen, dass Sie an Problemen bei der Ausscheidung, mit Ihrem Gewicht, Ihrem Darm, sowie Ihren Knochen, Füßen und Beinen leiden.

Das zweite Chakra:

Das zweite Chakra liegt direkt unterhalb von Ihrem Bauchnabel und wird von der Farbe Orange repräsentiert. Sein Symbol ist ein nach oben gedrehter Halbmond und es steht oft in Verbindung mit Wasser. Es beeinflusst Ihre Fähigkeit, Empathie zu zeigen, Ihre Beziehungen, und Ihre Sexualität. Ebenfalls steuert es Ihr Vergnügen und Ihr Wohlbefinden oder inwiefern Sie sich an Ihren Emotionen erfreuen und sie verarbeiten können. Das beeinflusst Ihre Polarität und Ihre Fähigkeit, sich verändern zu können.

Das Chakra ist mit Ihrem Intimbereich verbunden, also Ihren Fortpflanzungsorganen und Ihren Beinen. Viele Menschen greifen auf Amethysten zurück, um das Chakra auszugleichen. Es wird vom Planeten Merkur repräsentiert und beeinflusst Ihren Geschmackssinn und Ihr drittes Auge. Sollte zu viel Energie durch dieses Chakra fließen, werden Sie lusterfüllt, süchtig und extrem kontrollierend. Wenn Sie dieses Chakra jedoch meistern, können Sie die Gefühle anderer besser verstehen.

Bei einer Blockade dieses Chakras fühlen Sie sich energielos und von den Menschen um Sie herum sehr distanziert. Ihre Libido könnte drastisch ansteigen und es könnte Probleme in Ihren Beziehungen geben. Es kann ebenfalls zu Problemen in Ihrem Harnsystem (beispielsweise also Blasenentzündungen) und mit Ihren Fortpflanzungsorganen kommen.

Das dritte Chakra:

Das dritte Chakra ist dasjenige im Solar Plexus, befindet sich also direkt über Ihrem Nabel. Es wird von der Farbe Gelb und dem Element Feuer repräsentiert und hat das Mantra Ram. Das Symbol des Chakras ist ein nach unten zeigendes Dreieck. Es kontrolliert Ihre Willenskraft, Freude und Motivation, zudem beeinflusst es Ihre Selbstachtung und die Identifizierung und die Meisterung Ihres Willens, was die Macht des Lichts und Beziehungen mit einschließt. Es stellt Energie her, wenn Sie sich selbst und Ihre Wünsche ausdrücken. Dabei werden Bauchspeicheldrüse, Leber, Gallenblase, Magen und sogar Ihr Sehsinn beeinflusst. Repräsentiert wird das Chakra durch den Planeten Jupiter und Smaragde.

Wenn sich in diesem Chakra zu viel Energie findet, werden Sie sehr ichbezogen handeln, oft sogar egoistisch, und einen zu großen Ehrgeiz entwickeln. Ihr Verlangen danach, die Kontrolle zu übernehmen kann überwältigend sein und Ihre Beziehungen zerstören. Allerdings wollen Sie in diesem Chakra auch kein Defizit aufbauen, denn falls das der Fall ist, fühlen Sie sich wertlos und übersensibel. Sie sehen sich dann gewissermaßen als Märtyrer oder als jemand, der noch nie von irgendjemandem gemocht wurde, selbst wenn das gar nicht stimmt. Außerdem haben Sie das Gefühl, dass immer viel zu viel zu tun ist, was Sie zudem noch überfordern kann. Sie werden also voller ungeschliffener Emotionen sein. Das heißt also, wenn dieses Chakra nicht im Gleichgewicht ist, ist es Ihr emotionaler Zustand auch nicht.

Bei einer Blockade dieses Chakras haben Sie überhaupt kein Selbstvertrauen. Es wird Ihnen schwerfallen, Ihre persönlichen Wünsche zu verstehen oder sie auszudrücken. Dadurch könnten Sie sich in Ihrem Leben gewissermaßen selbst unterdrücken. Außerdem kann eine Blockade sogar zu körperlicher Erschöpfung führen, Sie werden sich oft für etwas schämen und möglicherweise Verdauungsprobleme haben. Allergien können verstärkt auftreten und Diabetes kann sich verschlimmern. Bluthochdruck und Erschöpfung sind ebenfalls häufige Symptome, wenn dieses Chakra blockiert ist.

Das vierte Chakra:

Das vierte Chakra wird von der Farbe Grün und dem Element Luft repräsentiert und befindet sich in der Mitte Ihrer Brust. Manchmal wird es auch von der Farbe Rosa repräsentiert. Sein Symbol sind zwei sich überschneidende Dreiecke, wobei eines nach oben und eines nach unten zeigt. Dieses Chakra ist für Ihre Offenherzigkeit, Liebe und Mitgefühl zuständig. Es beherbergt Ihr Verlangen nach Selbstakzeptanz und ist für Ihre innere Harmonie sehr wichtig, genauso wie für Ihr emotionales Gleichgewicht. Es beeinflusst Leber, Lungen, Herz, Thymus, Blutkreislauf und Ihren Tastsinn. Sein Edelstein ist der Rubin und sein Planet die Venus.

Wenn zu viel Energie durch dieses Chakra strömt, fühlen Sie unpassende Emotionen zu unpassenden Zeiten. Es wird ganz so sein, als ob Sie gar keine emotionalen Hemmschwellen und keine Kontrolle mehr hätten. Falls allerdings auf der anderen Seite zu wenig Energie in diesem Chakra vorhanden ist, werden Sie rücksichtslos, Schwierigkeiten mit Ihren Gefühlen haben und von anderen Menschen oft als herzlos gesehen. Das Chakra beeinflusst Ihr spirituelles Wachstum, sowie Ihren Sinn für Liebe und Verbundenheit.

Ist dieses Chakra blockiert fühlen Sie sich wahrscheinlich einsam, es wird Ihnen an Mitgefühl fehlen, Sie werden eher ungesund sein und sich in ungesunden Beziehungen befinden. Sie werden sehr oft Probleme mit dem Herz oder mit Ihren Lungen haben. Das häufigste Leiden, das sich bei einer Blockade dieses Chakras ausprägt bzw. wieder verstärkt, ist Asthma.

Das fünfte Chakra:

Das fünfte Chakra wird von der Farbe Blau, dem Saphir und dem Planeten Saturn repräsentiert und befindet sich an Ihrem Hals. Normalerweise handelt es sich bei dem Blau um ein helles Blau. Sein Symbol ist dabei ein Kreis, der in einem nach unten gerichteten Dreieck enthalten ist. Dieses Chakra beeinflusst Ihren Gehörsinn und ist für Ihre Kreativität und Intuition verantwortlich. Außerdem beeinflusst es Ihren Selbstausdruck und Ihr Bedürfnis, die Wahrheit zu suchen und zu hören. Was körperliche Bereiche angeht, sind Ihre Schilddrüsen, Ihr Verdauungstrakt, Ihre Arme und die oberen Lungen betroffen.

Wenn sich in diesem Chakra zu viel überschüssige Energie befindet, können Sie als voreingenommen gesehen werden.

Außerdem ist es viel wahrscheinlicher, dass Sie in der Art, in der Sie sprechen, verletzend und kontrollierend wirken. Sie werden eigensinniger werden, was oftmals mit einer gewissen Arroganz gepaart ist. Allerdings ist es auch nicht sonderlich gut, wenn zu wenig Energie durch dieses Chakra fließt. Das kann nämlich Ihren Glauben stören, Sie werden nicht mehr die gewohnte Kreativität aufweisen und vor allem Kinder werden sehr still werden, da Ihnen die Fähigkeit fehlen wird, sich auszudrücken.

Lassen Sie eine Blockade dieses Chakras nicht zu, denn sonst werden Sie gravierende Schwierigkeiten haben das zu kommunizieren, was Sie denken und die Wahrheit oder Ihre Kreativität richtig auszudrücken. Sie werden sich oft so fühlen, als ob Sie nur sehr wenigen oder gar keinen inneren Wert besäßen und vielleicht sogar damit anfangen, andere Menschen zu manipulieren (selbst unbewusst), was Ihre Beziehungen kaputt machen kann. Körperlich gesehen können Probleme mit den Schilddrüsen, sowie Schulter- und Nackenschmerzen auftreten.

Das sechste Chakra:

Dieses Chakra ist auch als das dritte Auge bekannt und befindet sich dementsprechend auf Ihrer Stirn. Seine Farbe ist Indigoblau, sein Symbol ein nach unten zeigendes Dreieck innerhalb eines Kreises, sein Edelstein der Diamant und sein Planet die Sonne. Es repräsentiert Ihre Intuition und Ihre Wahrnehmung und steht in Verbindung mit Ihrem sechsten Sinn. Wenn Sie Ihr drittes Auge öffnen möchten, müssen Sie also gleichzeitig Ihr sechstes Chakra öffnen. Es beeinflusst die tieferen Schichten Ihres Gehirns, Ihr Rückgrat und Ihre Hirnanhangdrüse, sowie Nase, Ohren und Ihr linkes Auge. Dieses Chakra ist also ganz wörtlich gesehen für Ihren sechsten Sinn verantwortlich.

Lassen Sie nicht zu viel Energie durch dieses Chakra fließen. Das kann Kopfschmerzen auslösen und dazu führen, dass Sie sich allzu analytisch verhalten werden. Sie werden sich von Ihren Mitmenschen sehr distanziert fühlen. Ein Energiedefizit ist allerdings auch nicht gerade förderlich. Ihr Geist wird sehr benebelt sein und Sie werden sehr oft verblendet werden.

Dieses Chakra kann sehr leicht blockiert werden – bei den meisten Menschen ist es das bereits. Ihnen wird es an Intuition und Vorstellungskraft fehlen, allerdings können auch Probleme mit Ihrem Sehsinn und Ihrer Logik auftreten. Kopfschmerzen sind eines der häufigsten Probleme, was regelmäßige Migräneanfälle mit einschließt. Allerdings sind auch Probleme beim Sehen oder häufige Albträume nicht selten.

Das siebte Chakra:

Das siebte Chakra wird häufig auch als das Kronen-Chakra bezeichnet. Es befindet sich ganz oben an der Spitze Ihres Kopfes. Die meisten Menschen sehen es entweder als helles Violett oder als reines Weiß. Es manifestiert sich als eine Art Licht und hilft Ihnen dabei, sich mit einer höheren Macht in Verbindung zu setzen (egal, an welche Sie glauben) und sich deren Eingliederung in die lebende Welt bewusst zu machen. Auch wird Ihnen dieses Chakra dabei helfen, Teil eines größeren Ganzen zu werden. Es zeigt Ihnen Bedeutung, Inspiration, Hingabe und Reinheit und lässt Sie in der Gegenwart leben. So bleiben Sie nicht in der Vergangenheit stecken und machen sich keine Sorgen über die Zukunft.

Bei zu viel Energie in diesem Chakra werden Sie extrem egoistisch werden, selbst wenn Sie das eigentlich gar nicht wollen. Gruppenanführer weisen oft einen überhöhten Energiefluss in ihrem siebten Chakra auf, was leider dazu führen kann, dass sie die Gruppe in eine falsche oder schlechte Richtung führen. Wenn Sie jedoch zu wenig Energie in diesem Chakra haben, dann fühlen Sie sich inspirations- oder motivationslos – letzteres insbesondere hinsichtlich Ihrer täglichen Aufgaben.

Eine Blockade dieses Chakras kann geistige Krankheiten zur Folge haben, wie bipolare Störungen oder manische Depressionen. Sie können oft in die Gewohnheit verfallen, alles als bedeutungslos zu erachten. Das ist sogar ein sehr häufiges Problem bei Leuten, die anscheinend nicht dazu in der Lage sind Ihr Kronen-Chakra freizumachen. Auch könnte es Ihnen oft an

„gesundem Menschenverstand" fehlen bzw. könnten Sie sich so fühlen, als ob Ihre Sinne vollkommen durcheinander sind.

Ein Ausgleich schafft Abhilfe:

Ein Gleichgewicht in den Chakren und Meditation werden helfen, allerdings dürfen Sie nicht damit rechnen, all Ihre Chakren davon abzuhalten, blockiert zu werden. Selbst wenn ein Chakra nicht blockiert ist können Sie Defizite im Energiefluss haben, ganz einfach, weil es gerade dabei ist, sich zu blockieren. Das Ziel eines Ausgleichs der Chakras und der Chakra-Meditation ist diese Blockaden zu verhindern. Der erste Schritt ist also, Ihre Symptome zu erkennen, wenn sich Ihre Chakras blockieren oder ein Energiedefizit aufweisen. Wenn Sie das getan haben, können Sie schließlich fortfahren und dem entgegenwirken.

Wenn Sie Ihre Chakren ausgleichen und Chakra-Meditation betreiben, können Sie Depressionen bekämpfen und einen gesunden mentalen und körperlichen Zustand aufrechterhalten. Das Ganze greift jedoch noch etwas tiefer. Ein Ausgleich der Chakren und Chakra-Meditation stellt eine Form der Tiefenheilung dar und kann dabei bis hin zu einem spirituellen Niveau reichen.

Mehr Positivität:

Wenn Ihre Chakren ausgeglichen sind, werden Sie ein positiverer Mensch. Das hat den Grund, dass Sie sich körperlich besser und emotional stabiler fühlen, was schließlich dazu führt, dass Sie auch mental stabiler sein werden. Ihre Gedankengänge sind klarer und Sie können Ihr eigenes Verhalten sowie das Verhalten anderer ein wenig besser verstehen. Sie werden mehr Empathie an den Tag legen können und die gute Seite einer Sache lässt sich leichter erkennen – zumindest können Sie rational erkennen, dass die Dinge nicht immer so schlecht bleiben müssen, sollte eine Situation einmal schlecht verlaufen.

Besserer Schlaf:

Schlaf beeinflusst sowohl Ihren Körper als auch Ihren mentalen Zustand beträchtlich. Wenn es Ihnen an gesundem Schlaf fehlt, ist es viel wahrscheinlicher, dass Sie einer Depression oder anderen mentalen Krankheiten zum Opfer fallen. Stress kann sich verschlimmern, was beispielsweise zu Akne und anderen Gesundheitsproblemen führen kann, wie Magengeschwüren. Ihre Gedankengänge werden sehr benebelt sein, sodass Sie möglicherweise schlechte Entscheidungen treffen und Sie anschließend in einer Abwärtsspirale mit schlechten Ereignissen oder emotionalem Aufruhr gefangen sind. Auch Ihr Immunsystem könnte geschwächt werden – wenn Ihre Chakren allerdings im Gleichgewicht sind bzw. Sie sich in Chakra-Meditation üben, dann erhalten Sie höchstwahrscheinlich besseren Schlaf. Das liegt daran, dass Ihr emotionaler Zustand dann nicht beeinträchtigt ist und Ihr Stress gelindert wird.

Stresslinderung:

Oben haben Sie schon ein paar Beispiele gelesen, wie eine Stresslinderung zu einer positiveren Denkweise und einem besseren Schlafzyklus beitragen kann. Eine effektive Stresslinderung hilft allerdings ebenfalls bei mentalen Krankheiten und Angstzuständen. Stress lässt sich zwar auch auf andere Art und Weise behandeln; insgesamt wird Ihr Stressniveau jedoch auch niedriger sein, wenn Sie regelmäßig daran arbeiten, Ihre Chakren auszugleichen und sich in Meditation üben. Stress kann Hautausschläge auslösen, was Akne mit einschließt, und Sie können sich mental oder emotional blockiert fühlen, was schließlich beeinflusst wie und ob Sie Ihre Ziele erreichen.

Mehr Leidenschaft:

Viele Leute können es nicht erkennen, wenn es Ihrem Leben an Leidenschaft fehlt. Sie erkennen diesen Mangel für gewöhnlich nur, wenn es im Schlafzimmer an Leidenschaft fehlt. Die beiden gehen jedoch Hand in Hand: Wenn Sie nicht in allem, was Sie tun, Leidenschaft finden, wird auch Ihr Sexleben und Ihr Leben im Allgemeinen an Qualität verlieren. Es ist also sehr wichtig, eine Leidenschaft fürs Leben und für den Alltag zu entwickeln –

wobei ein Ausgleich der Chakren und Chakra-Meditation helfen werden.

Sie werden sich dadurch geerdeter fühlen, sodass Sie es deutlich mehr zu schätzen wissen werden, was das Leben Ihnen alles zu bieten hat. Das Schlechte wird sich dadurch auch eher in Perspektive rücken lassen, denn Sie werden einen klareren Verstand haben es zu analysieren, wodurch Ihnen die momentan schon in Ihnen steckende Leidenschaft nicht gleich wieder entzogen wird – denn das ist leider bei sehr vielen Menschen der Fall.

Das Erreichen Ihrer Ziele wird leichter:

Das ist einer der besten Vorzüge, der Ihnen durch einen Ausgleich Ihrer Chakren und durch Chakra-Mediation ein besseres Leben ermöglicht. Wenn Sie diese beiden Dinge regelmäßig anwenden, dann werden all die Vorzüge nämlich dazu beitragen, dass Sie Ihre Ziele ein wenig leichter erreichen. Falls Sie beispielsweise besser schlafen, werden Sie bei allem was Sie tun bessere Leistungen abliefern, egal ob im Privatleben oder beruflich. Wenn Sie weniger gestresst sind, pflegen Sie womöglich gesündere Beziehungen, Sie können sich gute Netzwerke aufbauen und besser an einen Zeitplan halten. Sie werden sich nicht so blockiert fühlen und Ihr Selbstbewusstsein wird sich stark verbessern – wodurch selbst Ihr persönlicher Erfolg positiv beeinflusst wird.

Warum Chakren wichtig für die körperliche Gesundheit sind

Chakren sind nicht nur ein mentales oder emotionales Thema. Wenn Sie Ihre Chakren ausgleichen und sich in Chakra-Meditation üben, wird Ihnen das auch körperlich helfen. Jeder Chakra-Punkt befindet sich an einem bestimmten Ort an Ihrem Körper und steht mit bestimmten lebenswichtigen Organen im Verbund, die Ihre Gesundheit natürlich beeinflussen. Sollte Ihr Chakra also nicht im Gleichgewicht sein, ist es viel wahrscheinlicher, dass es diesen bestimmten Körperteilen nicht gut geht und dementsprechend Krankheiten entstehen.

Hautausschläge:

Wenn Sie Ihre Chakren ausgleichen und sich in Chakra-Meditation üben, brauchen Sie sich nicht mehr allzu große Sorgen darüber machen Akne oder andere Hautausschläge zu entwickeln. Bei einem Gleichgewicht in den Chakren wird Ihr Immunsystem nämlich gestärkt. Viele Hautausschläge sind auch von Ihrem Stressniveau abhängig. Ihnen wird auffallen, dass Ihre möglicherweise bereits vorhandenen Ausschläge besser werden und Sie weniger Ausschläge oder Reizungen auf der Haut ausprägen (was unter anderem auch Nesselausschläge mit einschließt).

Hypertonie / Bluthochdruck:

Dieses Leiden wird ebenfalls oft von Ihrem Stressniveau beeinflusst. Genau deshalb sind ein Ausgleich der Chakren und Chakra-Meditation auch so hilfreich dabei, Ihren Blutdruck auf natürliche Weise zu senken. Das kann etwas Zeit erfordern, erwarten Sie also bitte keine sofortigen Ergebnisse. Wenn Ihre Chakren im Gleichgewicht sind, fällt es Ihnen jedoch leichter, eine bestimmte Situation unter Kontrolle zu bekommen oder die Dinge so hinzunehmen, wie Sie gerade sind. Das senkt die Wutgefühle, die ebenfalls zu hohem Blutdruck beitragen.

Diabetes regulieren:

Sie können Ihren Diabetes natürlich nicht einfach so umkehren, allerdings können Sie ihn regulieren und Ihre Lebensqualität dadurch stark verbessern. Wenn Sie noch keinen Diabetes haben, können der Ausgleich der Chakren und die Chakra-Meditation dabei helfen, den Diabetes gar nicht erst ausbrechen zu lassen, also bevor er erst zum tatsächlichen Problem wird. Ihr Blutzucker lässt sich dadurch auch gut regulieren.

Merken Sie sich, dass Diabetes oft durch eine Blockade des Dritten Auge-Chakras ausgelöst wird – das wird Ihr

Urteilsvermögen über das, was am besten für Ihren Körper ist, auch beeinflussen. Der Diabetes kann Sie auch so fühlen lassen, als ob Sie Ihr Leben nicht mehr unter Kontrolle hätten – durch die Meditation mit Fokus auf Ihrem sechsten Chakra können Sie diese Kontrolle allerdings wiedererlangen. Das spiegelt sich im Anschluss daran ebenfalls in Ihrer körperlichen Gesundheit wider.

Hilfe bei Schlaflosigkeit:

Wenn Sie an Schlaflosigkeit oder an anderen Schlafstörungen leiden, kann es ebenfalls wichtig sein, Ihre Chakren auszugleichen bzw. sich in Chakra-Meditation zu üben. Ihr Schlaf wird normalerweise von Ihrem Wurzel-Chakra beeinflusst; konzentrieren Sie sich bei Schlafproblemen während der Meditation, also insbesondere auf dieses Chakra. Auch das dritte Chakra kann Ihren Schlaf beeinflussen: es kann Sie so fühlen lassen, als ob Sie gar nicht schlafen würden. Und wenn Ihr viertes Chakra blockiert ist, dann werden Sie trotz maximaler mentaler Erschöpfung nicht schlafen können.

Im Prinzip geht es hier hauptsächlich um Stresslinderung und um eine Erdung Ihres Körpers. Wenn sich Ihr Körper wach fühlt, ohne erschöpft zu sein oder ein eingeschränktes Immunsystem zu haben, dann ist es viel wahrscheinlicher, dass Sie in einen gesunden Schlafzyklus eintreten, der REM-Phasen (die für Ihre Träume verantwortlich sind) mit einschließt. Sollten Sie Probleme mit dem Träumen haben, konzentrieren Sie sich verstärkt auf Ihr Drittes Auge-Chakra. Dieses Chakra ist nämlich für spirituelle und unterbewusste Bereiche verantwortlich.

ADHS:

Ein Ausgleich der Chakren und Chakra-Meditation kann Ihnen sogar bei Ihrer Konzentration helfen – entsprechend also auch bei ADHS. Bei denjenigen, die unter ADHS leiden, ist normalerweise das Dritte-Auge-Chakra nicht im Gleichgewicht oder gänzlich blockiert. Dadurch werden Sie weniger konzentriert sein, denn Ihr Verstand wird sich sehr benebelt anfühlen. Außerdem werden Sie viel weniger gesunden Menschenverstand an den Tag legen. Sie werden sich nicht stabil genug fühlen, sich hinzusetzen und dabei irgendetwas in Ruhe zu tun, weil Ihre Gedankenvorgänge stark beeinflusst sind.

ADHS kann noch verschlimmert werden, wenn Ihr Kronen-Chakra blockiert bzw. nicht im Gleichgewicht ist. Dieses Chakra beeinflusst Ihre Konzentration nämlich direkt und kann sogar Kopfschmerzen auslösen, die Sie ständig ablenken werden. Zwar können Sie ADHS durch Chakra-Meditation und durch einen Ausgleich der Chakren nicht komplett heilen; allerdings können Sie lernen damit zu leben, während Sie dabei positiv bleiben und dennoch Ihre Ziele erreichen.

Grippe & Schnupfen:

Tatsächlich können Ihnen die Chakren dabei helfen, Krankheiten wie virale oder bakterielle Infekte durchzustehen oder gar nicht erst aufkommen zu lassen, da Ihr Immunsystem ja gestärkt wird. Hauptsächlich liegt das am Ausgleich des Wurzel-Chakras, allerdings führt auch der Ausgleich der anderen Chakren zu einem positiven Ergebnis. Üben Sie sich dafür regelmäßig in Chakra-Meditation. Eine Stresslinderung und eine positive Einstellung werden sich gut auf Ihr Immunsystem auswirken. Es ist erwiesen, dass Stress oder Depressionen schlecht für das Immunsystem sind. Das bedeutet im Umkehrschluss natürlich, dass Sie dann für allerlei Krankheiten in Ihrem Umfeld anfälliger sein werden.

Erschöpfung:

Mentale Erschöpfung kann sehr schnell zu körperlicher Erschöpfung werden. Deshalb ist Ihr drittes Chakra, das Nabel-Chakra, auch so wichtig. Es wird Ihnen ebenfalls dabei helfen, körperliche Erschöpfung effektiv anzugehen. Stauen Sie nichts in sich auf, denn das kann wiederum zu Schlafproblemen führen. Natürlich können bereits bestehende Schlafprobleme oder Stress, der Erschöpfung auslöst, beide durch einen Ausgleich der Chakren geheilt bzw. gelindert werden. Viele Probleme, die Erschöpfung verursachen, können angegangen werden – unter anderem durch eine regelmäßige Chakra-Meditation. So lassen Sie der Erschöpfung keine Chance.

Fettleibigkeit:

Auf Fettleibigkeit wirken sich mentale, emotionale und körperliche Probleme aus. Fettleibigkeit kann sich auf übermäßiges Essen bzw. Essstörungen (wie Binge-Eating) aufgrund emotionaler oder mentaler Zustände zurückführen lassen. Diese Zustände lassen sich allerdings individuell durch die verschiedenen Chakren wieder ins Lot bringen – z.B. durch Ihr Kronen-Chakra und Ihr Wurzel-Chakra. Es wird Ihnen aber definitiv auch helfen, wenn Sie all Ihre Chakren ins Gleichgewicht bringen.

So werden nämlich alle Leiden, die zu Fettleibigkeit beitragen (wie Schilddrüsenprobleme, Asthma, Angstzustände oder Depressionen) gelindert. Fettleibigkeit kann auch durch Probleme mit der Selbstachtung oder der Unfähigkeit mit sozialen Strukturen umzugehen, ausgelöst werden. Das kann allerdings durch den Umgang mit Ihrem mentalen und emotionalen Zustand wieder ins Lot gebracht werden. Und Chakra-Meditation bzw. ein Ausgleich der Chakren hat darauf wiederum einen direkten Einfluss.

Der Zyklus:

Alles kann sich darauf zurückführen lassen, wie wir uns hinsichtlich uns selbst fühlen. Das liegt daran, dass unser Geist und unsere Emotionen sich auf unseren Körper auswirken können. Eine mentale oder körperliche Krankheit kann zur nächsten führen – z.B. Stress führt zu schlechtem Schlaf, schlechter Schlaf führt zu Fettleibigkeit, Bluthochdruck oder Rückenschmerzen vom ständigen hin und her wälzen. Wenn Ihre Chakren im Gleichgewicht und nicht blockiert sind, können Sie sich um Ihr gesamtes Selbst kümmern und dadurch diese Probleme mit Ihrem Körper wieder heilen.

Chakra-Meditation

Inzwischen wissen Sie bereits um viele der Vorzüge, die eine Chakra-Meditation mit sich bringt. Das wird Ihnen jedoch nicht viel nützen, wenn Sie nicht wissen, wie Sie mit der Chakra-Meditation überhaupt anfangen sollen. Zwar benötigen Sie dafür täglich nur ein paar Minuten, Sie werden allerdings schnellere und bessere Ergebnisse bemerken, wenn Sie mehr Zeit in Ihre Meditationen investieren. Auch ist es sehr hilfreich, die Meditation mit körperlicher Betätigung zu kombinieren. Dafür eignen sich Tai Chi, Yoga oder Pilates sehr gut. Prinzipiell ist aber natürlich jede Art Sport nicht unvorteilhaft.

Mit Chakra-Meditation anfangen:

Chakra-Meditation ist wirklich sehr einfach. Sie können sie für jedes Chakra individuell machen oder für alle Chakren gleichzeitig. Nachfolgend finden Sie die Schritte, wie Sie die Meditation ganzheitlich angehen können. Das können Sie nach etwas Übung weiter verfeinern. Ob und wann Sie eine Chakra-Meditation individuell für ein bestimmtes Chakra ausführen, hängt oft davon ab, warum Sie jenes bestimmte Chakra öffnen bzw. freimachen möchten.

Schritt 1

Wie bei jeder Meditationspraxis müssen Sie sich vorher in ein bequemes Umfeld begeben, bequeme Kleidung tragen und eine bequeme Position einnehmen. Sie dürfen weder zu steif noch zu locker sein – beides ist für eine Chakra-Meditation nicht förderlich. Normalerweise ist es am besten, wenn Ihr Rücken gerade ist, denn so werden Ihre Chakra-Punkte ausgerichtet. Achten Sie darauf, sich in dieser Position nicht zu sehr anzuspannen oder zu steif zu werden. Konzentrieren Sie sich auf jeden einzelnen Teil Ihres Körpers, von den Füßen bis zu Ihrem Kopf.

Sobald Sie das tun, sollten Sie schon spüren, wie Ihr Stress langsam dahinschmilzt. Ihr Körper kann sich nämlich sehr gut entspannen, wenn Sie all seine Teile berücksichtigen.

Schritt 2

Anschließend müssen Sie Ihre Konzentration auf Ihre Atmung legen, erzwingen Sie sie allerdings nicht. Ihre Atmung wird ganz natürlich sehr tief und gleichmäßig werden und Ihr Geist wird langsam abdriften. Das ist ganz natürlich, allerdings müssen Sie dennoch immer wieder Ihre Gedanken einbringen und sicherstellen, dass Ihr Fokus auf jedem Ein- und Ausatmen liegt. Versuchen Sie, es sich bildlich vorzustellen, wie die Luft den ganzen Weg in die Lungen strömt und anschließend in Ihren Blutkreislauf eintritt. Stellen Sie sich Ihre Muskeln vor, Ihre Zellen und Organe, und wie Sie den Sauerstoff der Luft aufnehmen. So wird Ihr Körper von Giftstoffen befreit. Stellen Sie sich also vor, dass Sie bei jedem Ausatmen genau diese Giftstoffe loswerden.

Schritt 3

Richten Sie Ihre Konzentration nun auf Ihr schlagendes Herz. Stellen Sie sich Ihr Herz vor, wie es schlägt, und visualisieren Sie, wie es dazu bestimmt ist, Ihren Körper in perfekte Harmonie zu versetzen. Sie sollten all Ihre einzelnen Teile sein, die nun zusammenkommen und in perfekter Harmonie existieren. Stellen Sie sich vor, wie Ihre Atmung das aufrechterhält, wie sie Ihr Herz weiterschlagen und Ihren ganzen Körper weiterleben lässt. Ab jetzt können Sie sich Ihren ganzen Körper als lebenden Organismus vorstellen, dem Sie Kraft geben.

Schritt 4

Jetzt müssen Sie sich vorstellen, wie eine lebensspendende Energie mit jedem Atemzug in Ihren Körper eindringt. Stellen Sie sich vor, wie die Luft mit dieser Energie durchströmt ist. Die Energie hat dabei eine gelblich-orange Farbe. Visualisieren Sie, wie sie durch Ihren Körper strömt und Ihre Aura, bzw. Seele oder Lebenskraft durchtränkt. Ihre Aura stärkt sich dadurch und wird sogar heller. Stellen Sie sich das als allmählichen Prozess vor, lassen Sie es nicht von jetzt auf gleich geschehen. Jeder Atemzug sollte Ihre Aura heller und stärker machen.

Schritt 5

Danach müssen Sie sich auf Ihre eigenen, individuellen Chakren konzentrieren, sodass Sie sie mit Energie versorgen können. Fangen Sie nicht mit dem Kronen-Chakra an, das Wurzel-Chakra im unteren Rücken kommt immer als Erstes dran. Stellen Sie sich das Chakra als Energieball vor, der im Uhrzeigersinn herumwirbelt. Wenn Sie einatmen, dann sollte der Wirbel stärker und heller werden. Auch sollten Sie sich vorstellen, wie Ihr Körper von Energie, die aus der Erde strömt, versorgt wird. Dabei handelt es sich um die gleiche Lebensenergie wie gerade eben, die der Energie des Chakras hinzugefügt werden muss.

Schritt 6

Gehen Sie Schritt 5 mit Ihren restlichen Chakren der Reihe nach durch, von einem zum anderen. Sie müssen sich dabei Zeit lassen und machen Sie sich auch keine Sorgen, wenn dieser Vorgang bei manch einem Chakra etwas länger dauert. Sollte das der Fall sein bedeutet das schlichtweg, dass Sie an diesem Chakra etwas mehr arbeiten müssen. Hetzen Sie sich also niemals ab. Sich in diesem Schritt von unten nach oben vorzuarbeiten, ist immer am besten – tatsächlich könnten Sie mehr Schaden als Nutzen erhalten, wenn Sie eine andere Reihenfolge wählen oder wahllos zwischen den Chakren hin und herspringen. Jedes Chakra greift ins nachfolgende über und um wahres Gleichgewicht zu erhalten, müssen Sie sich gleichermaßen an diese Ordnung halten.

Schritt 7

Visualisieren Sie nun all Ihre Chakren gemeinsam und stellen Sie sicher, dass jeder Atemzug Luft und Energie aus der Welt und aus der Erde in Ihre Chakren strömen lässt. Denken Sie daran, dass sich Ihre Aura erhellen und klarer werden muss und Sie sich auch das bildlich vorstellen müssen.

Schritt 8

Entspannen Sie sich und öffnen Sie die Augen. Nehmen Sie sich jetzt ein paar Minuten Zeit und schätzen Sie kritisch ab, wie Sie sich mental und körperlich fühlen. Achten Sie ebenfalls auf Ihre Emotionen. Das sollte bis zu dreißig Minuten dauern, kann aber auch in fünfzehn Minuten absolviert werden.

Die Meditation personalisieren

Wenn Sie sich auf nur ein einzelnes Chakra konzentrieren möchten, dann können Sie entweder den eben beschriebenen Prozess als Ganzes durchführen und sich länger auf das bestimmte Chakra konzentrieren, oder Ihren Fokus ausschließlich auf das gewünschte Chakra legen. Tun Sie das am besten, wenn Sie die Meditation zusammen mit dem Chakra-Ausgleich ausführen. So werden Sie die besten Ergebnisse erzielen. Das ist jedoch nicht unbedingt notwendig. Sie können Ihre Chakren durch Meditation wieder freimachen, greifen Sie dabei aber auf beide Methoden zurück: die individuelle Chakra-Meditation und die ganzheitliche Chakra-Mediation (wie oben beschrieben). Diese Meditation wird in Ihrem Inneren eine Ganzheit schaffen, und zwar körperlich, mental und emotional – was wiederum zu Ihrer Gesundheit und Ihrem allgemeinen Erfolg in Beruf und Privatleben beitragen wird.

Wege, Ihre Chakren auszugleichen

Die Chakren ins Gleichgewicht zu bringen, ist wichtig für Ihre Gesundheit und kann genauso entscheidend sein, wie die Chakra-Meditation. Ganz egal, wann Sie sich dazu entscheiden, Ihre Chakren auszugleichen, wenn Sie es regelmäßig machen, wird es Ihnen sehr dabei helfen, gesund zu bleiben. Achten Sie allerdings immer auf die Warnsignale, die mit einem Ungleichgewicht in den jeweiligen Chakren einhergehen. So wird Ihnen der Ausgleich ein wenig leichter fallen.

Es gibt verschiedene Techniken, die sicherstellen, dass Sie Ihre Chakren richtig ausgleichen. Sie können versuchen, all Ihre Chakren gleichzeitig oder nur ein einzelnes ins Gleichgewicht zu setzen – wenn Sie wissen welches. Falls Sie das nicht wissen, dann konzentrieren Sie sich besser darauf, all Ihre Chakren ins

Gleichgewicht zu bringen, sodass Sie Ihre beste Gesundheit erreichen und erhalten.

Affirmation

Eine der leichtesten Methoden, Ihre Chakren ins Gleichgewicht zu bringen, sind Affirmationen. Es muss jedoch dazu gesagt werden, dass Affirmationen nicht mehr funktionieren, wenn Ihre Chakren bereits zu sehr im Ungleichgewicht sind. Allerdings helfen sie dabei, die Chakren insgesamt im Gleichgewicht zu halten, wenn Sie sich regelmäßig darin üben – was Sie jeden Tag für jedes einzelne Chakra tun sollten. Leider werden Sie keine Affirmation für alle Chakren auf einmal finden. Nachstehend finden Sie die Affirmationen, die Sie für sich selbst für jedes einzelne Chakra laut wiederholen müssen. Normalerweise ist es am besten, wenn Sie das vor einem Spiegel tun, und zwar mindestens zweimal täglich. Es wäre beispielsweise zu empfehlen, die Affirmationen einmal kurz nach dem Aufstehen und ein anderes Mal kurz vor dem Schlafengehen zu wiederholen.

Das Wurzel-Chakra

Das grundlegendste Mantra für Ihr Wurzel-Chakra ist „Ich bin". Das können Sie auch gleich so als Affirmation hernehmen, allerdings reicht das für die meisten Menschen so nicht ganz aus. Oft müssen Sie sich selbst zudem bestätigen, dass Sie körperlich und mental schön sind. „Ich bin schön", und „Ich bin für meinen Körper verantwortlich", und „Ich bin zufrieden damit, ich zu sein" sind die besten Affirmationen, um dieses Chakra ins Gleichgewicht zu bringen.

Das Sakral-Chakra

Ihr zweites Chakra, auch als Sakral-Chakra bekannt, wird oft durch Ihre Fähigkeit, etwas zu fühlen, bekräftigt. Die Mantras für dieses Chakra lauten „Ich und meine Gefühle sind gesund", „Ich erlebe und erfahre diese Welt auf gesunde Art und Weise und ohne Angst" und „Ich werde von einer höheren Macht geleitet".

Das Solar Plexus-Chakra

Für Ihr drittes Chakra gibt es ebenfalls einige geläufige Affirmationen, die Sie für dessen Bekräftigung verwenden können. Versuchen Sie es doch mit „Ich akzeptiere eine göttliche Energie um mich herum“, „Ich akzeptiere meine Verantwortung in meinem Leben“, „Ich kann ausgeglichen und unterstützend sein“, „Ich werde Spiritualität kultivieren und kreativ bleiben“ und „Ich werde geführt und akzeptiere eine höhere Macht“.

Das Herz-Chakra

Das Mantra für Ihr viertes Chakra ist, dass Sie lieben. Geläufige Affirmationen dafür sind „Ich werde geliebt“, „Ich handle bei allem, was ich tue aus Liebe“, „Mein Herz ist voller Liebe“ und „Ich verspüre keinen Ärger in mir“.

Das Hals-Chakra

Ihr fünftes Chakra hat das Mantra, dass Sie sprechen. Einige geläufige Affirmationen sind „Es gibt keine Stimmen, die mich in meinem Leben beeinflussen, außer einer höheren Macht“, „Mein Geist ist klar, dass ich deren Nachricht erhalten kann“ und „Es beeinflussen mich keine Stimmen außer die, von denen ich das will“.

Das Dritte Auge-Chakra

Das sechste Chakra folgt dem Mantra, dass Sie sehen. Greifen Sie dabei auf folgende Affirmationen zurück: „Ich glaube an meine eigene Intuition“, „Ich bin offen für das Göttliche“ und „Ich bin offen dafür, Führung von einer höheren Macht zu erhalten“.

Das Kronen-Chakra

Beim Kronen-Chakra können Sie eine ganze Reihe Mantras annehmen. Das einfachste ist, wenn Sie ständig „Ich weiß“, oder

„Ich verstehe“ wiederholen. Die zugehörigen Affirmationen lauten: „Ich bin offen für Verständnis“, „Ich bin offen für die Erleuchtung“ und „Ich kann und werde klar nachdenken, bevor ich handle“.

Erdungs-Meditation

Das ist eigentlich eine sehr einfache Methode, Ihre Chakren auszugleichen und ähnelt sehr der Chakra-Meditation. Anstatt sich aber auf sich selbst als Ganzes zu konzentrieren, einschließlich Ihrer Chakra-Punkte, konzentrieren Sie sich nur auf Ihre Aura bzw. Lebenskraft. Sie konzentrieren sich dabei nicht auf Ihre Chakren. Außerdem muss die Erdungs-Meditation in der freien Natur durchgeführt werden. Setzen Sie sich also in einem natürlichen Umfeld, wie einem Park oder bei einem kleinen Fluss, in die gleiche Position wie bei der Chakra-Meditation.

Beginnen Sie mit den Atemübungen und stellen Sie sich vor, wie Ihre Aura mit jedem Atemzug wächst und Giftstoffe Ihren Körper verlassen, einschließlich sämtlicher negativer Energie.

Yoga

Yoga ist eine Praktik, die größtenteils sicherstellen soll, dass Sie entspannt sind, aber (wie bereits erwähnt) passt Yoga auch gut zu jedweder Art der Chakra-Ausgleichsmeditation. Am besten funktioniert es beim Ausgleich des Wurzel-Chakras, kann aber auch bei den anderen Chakren angewendet werden. Jede Stellung hilft dabei Ihre Chakren auszurichten und Ihren Körper und Ihr Bewusstsein zu strecken. So werden Sie sich Ihrer selbst auf mentale und körperliche Weise mehr bewusst. Das hilft somit ganz natürlich dabei Ihre Chakren ins Gleichgewicht zu bringen und zu öffnen.

Kristalle verwenden

Es wurde bereits erwähnt, dass jedes Chakra mit einem Kristall bzw. einem Stein in Verbindung steht. Diese Kristalle können Sie also auch verwenden, um Ihre Chakren eins nach dem anderen auszugleichen. Hauptsächlich wird das so gemacht, dass mit einem oder mehreren dieser Steine meditiert wird, je nachdem welche Chakren Sie ins Gleichgewicht bringen können. Statt sich also auf die Energie zu konzentrieren, die Ihren Körper verlässt bzw. in ihn eintritt, konzentrieren Sie sich darauf wie sich der Stein oder Kristall mit Ihrem Körper verbindet und auf die Energie, die dieser Stein ausstrahlt bzw. die durch ihn hindurchfließt. Auch so können Sie all Ihre Chakren nach und nach ausgleichen.

Diese Techniken kombinieren

Sie brauchen sich keine Sorgen zu machen Ihre Chakren zu sehr auszugleichen, das geht nämlich gar nicht. Wenn Ihr Chakra bereits im Gleichgewicht ist und Sie versuchen es weiterhin auszugleichen, dann werden Sie es nur weiter stärken. Sie können Ihrem Chakra dadurch also nicht schaden. Fall Sie sich dennoch Sorgen machen sollten, dann bleiben Sie am besten bei der Kristall- bzw. Stein-Meditation zum Ausgleich Ihrer Chakren. Sie können diese Steine auch alle gleichzeitig verwenden, indem Sie sich hinlegen und die Steine auf ihre zugehörigen Punkte auf dem Körper setzen. Sie können allerdings auch verschiedene Ausgleichstechniken kombinieren, um sicherzustellen, dass Sie auch die Ergebnisse erzielen, die Sie erzielen wollen.

Jede dieser Ausgleichstechniken wird funktionieren – manche jedoch besser als andere für bestimmte Leute, da jedermann anders auf eine bestimmte Art des Chakra-Ausgleichs reagiert. Auswirkungen Ihres

Chakra-Ausgleichs sollten Sie im Prinzip fast sofort spüren. Viele Menschen fühlen sich so, als ob ihnen danach eine große Last abgenommen wurde, sie fühlen sich weniger erschöpft, weniger gestresst oder gar schläfrig – insbesondere dann, wenn sie aufgrund eines fehlenden Gleichgewichts in den Chakren und einem Mangel an allgemeiner Energie vorher nicht gut schlafen konnten.

So bleiben Sie gesund und entspannt

Merken Sie sich, dass ein Chakra-Ausgleich und Chakra Meditation nicht nur körperlich ist, sondern auch mentale und emotionale Auswirkungen hat. Vergessen Sie also nicht die Vorteile auf Ihren emotionalen Zustand, die diese Methoden des Ausgleichs und der Meditation mit sich bringen. Dadurch werden Sie sich selbst gegenüber und gegenüber Ihrer momentanen Situation besser fühlen und Ihr Immunsystem sowie Ihren Körper als Ganzes positiv beeinflussen.

Hilft bei Trauer

Vielen Leuten ist es nicht ganz klar, wie viel es ihnen beim Umgang mit Trauer helfen kann, wenn ihre Chakren im Gleichgewicht sind. Dabei kann es sich um Trauer aufgrund einer schlimmen Situation oder des Todes eines geliebten Menschen handeln. Es gibt viele Methoden, wie Ihnen Ihre Chakren dabei helfen können diese Trauer zu verarbeiten – Ihre Verbindung zu einer höheren Macht bzw. Ihr Sinn der Verbundenheit sind die beiden Hauptmöglichkeiten. Dadurch werden Sie tatsächlich verarbeiten, dass alles im Leben aus einem bestimmten Grund passiert, anstatt es nur zu sagen oder zu hören.
Auch hilft Ihnen die Chakra-Meditation bzw. der Ausgleich der Chakren dabei, angestaute Emotionen oder Stress freizulassen. Wenn Sie viel Trauer erfahren, dann benötigen Sie wahrscheinlich etwas mehr Chakra-Meditation, insbesondere für Ihr Drittes Auge-Chakra und Ihr Kronen-Chakra. Konzentrieren Sie sich zudem auch noch auf Ihr Herz-Chakra. Sollten Sie mit dieser Trauer umgehen müssen, haben Sie dadurch den zusätzlichen Vorteil, dass Sie sie sich rational betrachten und Ihre Emotionen auf gesunde Art und Weise ausdrücken können – solange Ihre Chakren sich nicht in einem Ungleichgewicht befinden oder blockiert sind, versteht sich. Das ist also ein großer Schritt beim Umgang mit Ihrem Trauervorgang.

Handhabung von Wut

Wut kann zu hohem Blutdruck und Herzproblemen führen. Es ist also sehr wichtig, dass Sie lernen, Ihre Wut in den Griff zu bekommen – auch für Ihre geistige Gesundheit. Durch Wut stauen Sie viele Dinge auf. Das kann zu Problemen in persönlichen und beruflichen Beziehungen führen und Sie könnten sogar mit gesetzlichen oder amtlichen Personen in Konflikt geraten. Normalerweise ist ein Gleichgewicht im Herz-Chakra sehr wichtig, um sicherzustellen, dass es keine Ihrer anderen Emotionen beeinflusst – um jedoch Ihre Wut zu handhaben, müssen in der Regel all Ihre Chakren im Gleichgewicht sein. Dafür müssen Sie also regelmäßig meditieren. Zudem wird empfohlen, Yoga für einen zusätzlichen Ausgleich heranzuziehen, sodass die Wut kein Thema mehr wird.

Depressive Störungen

Der Hauptgrund für einen depressiven Zustand ist, dass man sich normalerweise so fühlt, als ob man keine Kontrolle in seinem Leben hätte, mit zu viel Stress umgehen müsse, gestörten Schlaf hätte oder seine Emotionen nicht auf gesunde Art und Weise verarbeiten bzw. positiv sehen könne. All das steht mit einem gewissen Chakra-Punkt in Verbindung und kann leicht behoben werden: Betreiben Sie regelmäßig Chakra-Meditation. Zwar wird Ihnen keine sofortige Wirkung auffallen, diese ist direkt im Anschluss an die Meditation eher gemäßigt; aber auf lange Sicht werden Sie gute Ergebnisse erzielen. Manche Menschen werden innerhalb von nur ein bis zwei Wochen bereits eine große Veränderung spüren. Merken Sie sich einfach, dass eine Depression zwar etwas ist, das Sie jederzeit heilen können, es jedoch (wie jede Heilung) immer etwas Zeit erfordert.

Einigen Menschen wird auffallen, dass die Erschöpfung von mentalem Stress fast sofort aufgehoben wird und ihr Energieniveau deshalb wieder ansteigt. Sport ist eine weitere gesunde Möglichkeit Ihre Depressionen wieder loszuwerden; und wenn Ihre Chakras im Gleichgewicht sind haben Sie dabei ein höheres Energieniveau, wodurch Sport zu einer viel greifbareren Lösungsmöglichkeit wird.

Gesunde Beziehungen

Eine gesunde Beziehung wird Ihre Lebensqualität steigern. Leider ist diese Tatsache den meisten Menschen gar nicht so richtig bewusst. Eine gesunde Beziehung muss dabei nicht einmal unbedingt eine mit dem anderen Geschlecht sein. Sie kann sich auf die Beziehung zwischen Geschwistern, Eltern oder einfach nur Freunden beziehen. Sie müssen gesunde Verbindungen mit den Menschen um Sie herum aufbauen, wenn es Ihnen nach einer besseren Lebensqualität verlangt. Andernfalls wird negative Energie damit anfangen, Ihre Chakren zu blockieren.

Um den Leuten um Sie herum zu vertrauen und sich in deren Gegenwart stabil zu fühlen, müssen Sie Ihr Wurzel-Chakra ins Gleichgewicht bringen. Sollte es das nicht sein, misstrauen Sie allen möglichen Menschen, auch den vertrauenswürdigen – so werden Sie Ihren Beziehungen dauerhaft schaden. Wenn Sie mit sexuellen Beziehungen zu tun haben, muss Ihr Sakral-Chakra im Gleichgewicht sein und regelmäßig in Ihre Meditationen miteinbezogen werden. So bleiben Sie sexuell, mental und körperlich gesund. Auch wird es Ihnen dann leichter fallen neue Situationen in Ihren Beziehungen zu akzeptieren, ohne zu steif oder unflexibel für diese Veränderungen zu sein.
Ist Ihr Solar Plexus-Chakra gesund, sind Ihr Selbstvertrauen und Ihre Gefühle stabil und Sie werden die Menschen, mit denen Sie eine Beziehung haben, nicht verbal angreifen. Ihr Herz-Chakra muss ebenfalls klar sein, sodass Sie die richtigen Emotionen in Ihren Beziehungen spüren und in erster Linie überhaupt erkennen können, dass Sie geliebt werden. Wenn Ihr Hals-Chakra nicht im Gleichgewicht ist oder in Ihre Meditationen miteinbezogen wird, können Sie mit den geliebten Menschen in Ihrem Leben nicht richtig kommunizieren. Fehlende Kommunikation oder eine falsche Kommunikation der Wahrheit kann zu Problemen in Ihren Beziehungen führen.

Auch Ihr Drittes Auge-Chakra muss im Gleichgewicht sein. So können Sie über Streitigkeiten hinwegkommen und sich auf das größere Ganze konzentrieren. Schließlich benötigen Sie noch Ihr Kronen-Chakra, um klar denken zu können – insbesondere dann, wenn Sie wütend sind. Auf diese Weise reißen Sie hinter sich keine Brücken zu den Personen in Ihren Beziehungen ab.

Stabilisiert bipolare Störung

Eine bipolare Störung betrifft sowohl Ihren mentalen als auch Ihren emotionalen Zustand. Dabei handelt es sich um ein Leiden, mit dem es sehr schwer sein kann, in alltäglichen Situationen umzugehen. Aber auch hier können Ihnen Ihre Chakren helfen. Bei bipolaren Störungen ist Ihr Kronen-Chakra sehr wichtig. Ihre Emotionen können nämlich sehr leicht Ihr Urteilsvermögen trüben und dadurch Ihre bipolare Störung noch verschlimmern. Wenn Ihr Kronen-Chakra jedoch im Gleichgewicht ist, wird das zu einem viel geringeren Problem. Auch Ihr Drittes Auge-Chakra kann Ihnen bei diesem Zustand helfen. Sie werden das größere Ganze erkennen können, auf Ihr Bauchgefühl hören und über die manischen Emotionen hinwegkommen, die Sie immer wieder erleben.

Ihr Herz-Chakra kann sich ebenfalls negativ auf Ihre bipolare Störung auswirken, sollte darin ein Energieüberfluss oder -defizit vorherrschen. Ein Gleichgewicht ist also auch dort sehr wichtig. Ohne das Selbstvertrauen, das Ihr Solar Plexus-Chakra bereitstellt, können Sie Ihre bipolare Störung nicht kontrollieren, denn es wird Ihnen an der dafür nötigen Willenskraft fehlen. Letztlich benötigen Sie noch Ihr Wurzel-Chakra für die Stabilität, die die Grundlage zur Behandlung dieser Störung darstellt.

Machen Sie einen Präventivschlag

Einen Präventivschlag können Sie in der Hinsicht machen, dass Sie einen Ausgleich Ihrer Chakren bzw. Chakra-Meditation regelmäßig durchführen. So werden Ihre Chakren stets in perfekter Harmonie sein. Außerdem halten Sie so viele Ihrer mentalen und emotionalen Probleme auf Abstand, bevor Sie überhaupt eintreten können, und es wird Ihnen dabei helfen, mit all den anderen Problemen umzugehen, die sich manchmal eben nicht gänzlich vermeiden lassen. Am besten Sie lassen es gar nicht erst so weit kommen, dass Ihre Chakren blockiert werden – dadurch werden Sie schon einige der Vorzüge der Chakra-Meditation und des Chakra-Ausgleichs spüren.

Weitere Meditationstechniken

Es gibt noch viele weitere Meditationstechniken auf die Sie zurückgreifen können. Wenn Sie sich auf ein bestimmtes Chakra konzentrieren, werden Sie sehen, dass die nachfolgenden Techniken noch ein kleines bisschen mehr helfen können. Zwar ist es wichtig die allgemeine Meditationstechnik, die Sie bereits gelernt haben, für all Ihre Chakren anzuwenden; sie ist jedoch nicht die einzige Meditationsart um sicherzustellen, dass Ihre Chakren geöffnet und gesund bleiben.

Ihr Wurzel-Chakra

Um Ihr Wurzel-Chakra auszugleichen benötigen Sie etwas, das Ihr Wurzel-Chakra repräsentiert. Dabei muss es sich nicht unbedingt um den dazugehörigen Kristall handeln. Laufen Sie am besten barfuß herum, tragen Sie also vor, während und nach der Meditation keine Schuhe. So können Sie sich besser mit der von der Erde bereitgestellten Energie verbinden. Fangen Sie mit der Mediation so an, wie bei der normalen Chakra-Meditation auch, lassen Sie dabei aber etwas Myrrhe verbrennen, die dafür bekannt ist, das Wurzel-Chakra öffnen zu können.

Konzentrieren Sie sich darauf, die Myrrhe einzuatmen, während Sie einen rauchigen Quarz oder Blutstein in den Händen halten. Fokussieren Sie sich auf die Sie umgebende Energie, wie diese von der brennenden Myrrhe gereinigt wird und anschließend durch den Stein, den Sie halten, in Ihren Körper eintritt. Jedes Mal, wenn Sie ausatmen konzentrieren Sie sich darauf, wie alles Negative Ihren Körper verlässt, außerhalb Ihres Körpers von der Myrrhe gereinigt wird und schließlich wieder durch den Stein gefiltert in Ihren Körper eintritt. Das allein sollte zwischen fünfzehn und zwanzig Minuten dauern. Wenn Sie sich voll genug mit Energie fühlen, öffnen Sie einfach Ihre Augen und machen Sie barfuß einen kleinen Spaziergang.

Ihr Sakral-Chakra

Ihr sakraler Chakra-Punkt wird durch Wasser repräsentiert, also wäre es am besten diese Meditation entsprechend im Wasser durchzuführen. Sie können Ihre Füße ins Wasser stellen, in einem Pool sein oder in der Badewanne. Tauchen Sie ins Wasser ab, tauchen Sie wieder auf und konzentrieren Sie sich während der Meditation auf Ihre Atmung. Konzentrieren Sie sich auch auf den Fluss des Wassers über Ihren Körper und wie es Sie leicht wie eine Feder macht.

Stellen Sie sich vor, wie das Wasser alles Negative aus Ihnen heraussaugt, wie Krankheiten, Giftstoffe oder sonstiges Negatives, das Sie in Ihrem Leben erfahren. Stellen Sie sich im Anschluss vor, wie Sie all das beim Eintreten oder Austreten aus dem Wasser hinter sich lassen. Denken Sie daran, Ihre Atemzüge zu zählen und stellen Sie sich vor, wie Ihre zehn größten Stressfaktoren immer kleiner werden, wenn Sie die Zahl überschritten haben. Wenn Sie bei null angekommen sind (Sie sollten rückwärts zählen) konzentrieren Sie sich wieder auf die Atmung und öffnen Sie anschließend Ihre Augen.

Ihr Solar Plexus-Chakra

Ihr Solar Plexus-Chakra wird oft mit Feuer assoziiert. Aus diesem Grund sollten Sie bei der Meditation mit diesem Chakra im Mittelpunkt auch Feuer verwenden. Zünden Sie um sich herum Kerzen an und halten Sie sich bei Ihrem Umfeld an die Farbe dieses Chakras, gelb. Bei dieser Chakra-Meditation müssen Sie zunächst Ihre Augen schließen, an die dem Feuer innewohnende Hitze denken und diese Hitze mit jedem Atemzug in Ihren Körper transportieren. Am besten wäre es, wenn Sie die Kerzen in einem Kreis um sich herum aufstellen.

Konzentrieren Sie sich darauf, wie die Hitze Sie erfüllt und alle Krankheiten und alles Negative verbrennt. Sobald Sie sich warm fühlen, öffnen Sie Ihre Augen und konzentrieren sich auf die Kerze direkt vor Ihnen. Stellen Sie sich dabei vor, wie Ihre

Atmung die Flamme beeinflusst. Visualisieren Sie im Anschluss, wie Ihr Herz das Flackern dieser Flamme darstellt. Wenn Sie glauben, dass Sie die Flamme gereinigt hat, können Sie sich wieder auf Ihre Atmung konzentrieren und die Meditation beenden.

Ihr Herz-Chakra

Das Herz-Chakra steht in Verbindung mit der Luft, deshalb ist es schwieriger dieses Element durch Ihre Chakra-Meditation zu durchtränken. Allerdings steht dieses Chakra auch im Verbund mit Ihrer Liebe sich selbst gegenüber, und alles und jedem um Sie herum. Gehen Sie also an einen Ort, den Sie sehr gerne haben. Es sollte ein Ort sein, der Sie entspannt und vorzugsweise leichter auf die Farbe Grün konzentrieren lässt. Stellen Sie sich vor, wie Sie bei Ihrer Meditation grünes Licht umgibt. Sie beginnen Ihre Meditation mit ein paar Atemübungen in einer bequemen Position; Ihre Augen sind dabei geschlossen. Zählen Sie jeden Atemzug und stellen Sie sich vor, wie das grüne Licht um Sie herum immer heller wird. Sobald Sie bei zehn angelangt sind, stellen Sie sich das Licht sehr stark und hell vor und wie es gewissermaßen gegen Sie drückt. Es sollte ganz allmählich größer und stärker werden, stellen Sie sicher, dass das Licht nicht von jetzt auf gleich an der hellsten Stufe angelangt ist. Atmen Sie weiter und zählen Sie wieder rückwärts. Bei jedem Einatmen inhalieren Sie diese grüne Energie und bei jedem Ausatmen werden Sie sämtliche negativen Gefühle und Zweifel los. Beenden Sie die Meditation, wenn Sie bis null gezählt haben.

Ihr Hals-Chakra

Das Hals-Chakra ist mit dem Geistlichen bzw. der himmlischen Welt verbunden und hat dementsprechend kein natürliches Element, auf das Sie sich konzentrieren können. Es soll jedoch auch mit Ihrer wahren Stimme im Verbund stehen, die es Ihnen gestattet, sich von einer höheren Macht führen zu lassen, während Sie dem folgen, an das Sie wahrhaftig glauben. Um Ihr Hals-Chakra in Ihre Meditation mit einzuschließen, können Sie ein langgezogenes „ommmm" am Beginn Ihrer Meditation hinzufügen.

Konzentrieren Sie sich auf Ihre Körperhaltung, werden Sie dabei aber nicht zu steif. Fangen Sie damit an, das „ommmm“ durch Ihr Chakra strömen zu lassen und erlauben Sie dem Mantra oder dem Geräusch tief aus Ihrem Inneren zu kommen. Es soll sich also sehr tief anhören. Sie müssen sich auf die Vibration konzentrieren und Eins mit Ihrem inneren Selbst werden, wenn Sie diese Meditationstechnik anwenden. Fahren Sie so lange mit der Meditation fort, bis Sie sich vom Druck der materiellen Welt befreit fühlen. Konzentrieren Sie sich im Anschluss wieder auf Ihre Atmung, lassen Sie Ihre Stimme langsam abklingen und öffnen Sie Ihre Augen.

Ihr Drittes Auge-Chakra

Dieses Chakra ist zutiefst mit Ihrer inneren Intuition und Ihrem Gedankensinn verbunden; deshalb sollte Ihr Fokus, wenn Sie eine Mediation für dieses Chakra durchführen, auf der Beobachtung Ihrer Gedanken liegen. Das wird Ihnen dabei helfen sich Problemen oder Stress in Ihrem Leben zu stellen, indem Sie sie passiv beobachten und sie loslassen, bevor sie Ihre innere Führung bzw. die Führung einer höheren Macht trüben.

Fangen Sie diese Meditationsart genauso an, wie die ganzheitliche Chakra-Meditation, indem Sie sich auf Ihre Atmung konzentrieren, während Sie sich auf die Empfindungen fokussieren, die die Atmung in Ihrem Körper auslöst. Danach müssen Sie all Ihre Konzentration in Ihrem Körper fokussieren. Erlauben Sie der materiellen Welt, zu verblassen. Das geht viel leichter, wenn Sie bequeme Kleidung tragen, in einer bequemen Position sitzen und sich in einer entspannenden Umgebung befinden. Sobald Sie nach innen hin konzentriert sind, sollte es Ihnen möglich sein Ihre Gedanken zu beobachten.

Interagieren Sie nicht mit den Gedanken, die Sie in Ihrem Geist finden werden. Beobachten Sie sie nur und lassen Sie sie vorbeiziehen. Ganz gleich ob Gefühle durch alte Erinnerungen oder Gedanken ausgelöst werden, lassen Sie diese Emotionen ebenfalls vorbeiziehen. Ihr Gedankengang wird schließlich langsamer werden. Sie können dann ein wenig in Ihrem für sich gewonnenen Kopf bleiben, bevor Sie die Meditation beenden.

Ihr Kronen-Chakra

Eine Meditation speziell für das Kronen-Chakra kann durchaus schwierig sein, ist aber nichtsdestotrotz sicherlich möglich. Mit dieser Meditation muss sich vorher bereits alles andere im Gleichgewicht befinden bzw. freigemacht sein. Andererseits wird eine Meditation für dieses Chakra scheitern, was heißt, dass Sie die Vorteile davon leider nicht in Anspruch nehmen können.

Fangen Sie bei dieser Meditation ganz normal mit ein paar Atemübungen an und evaluieren Sie Ihren ganzen Körper. Denken Sie an all die Energie, die bereits in Sie hineinfließt: Ihre Emotionen, Ihre Erkrankungen, Ihre Gesundheit, Ihre Beziehungen und sogar Ihre unmittelbare Umgebung. Stellen Sie sich vor, dass die ganze negative Energie in Ihren Lungen gefiltert wird und Sie sowohl das Gute als auch das Schlecht in sich aufnehmen.

Visualisieren Sie, wie das Schlechte bei jedem Atemzug herausgefiltert wird und Ihre Lungen nur die positive Energie absorbieren – ganz so, als würden Sie Sauerstoff zur Versorgung Ihres Körpers aufnehmen. Sobald Sie sich leichter fühlen, können Sie die Meditation nach einiger Zeit unterbrechen und sich wieder auf Ihre Atmung konzentrieren. Lassen Sie die Energie um Sie herum aus Ihrer inneren Visualisierung wieder verblassen. Dann können Sie schließlich die Augen wieder öffnen.

Es gibt wirklich viele Vorteile, die Sie durch einen Ausgleich Ihrer Chakren erhalten. Sie müssen nur dahinterkommen, wie das am besten für Sie persönlich vonstattengehen kann – und genau da kommen die nachfolgende Tipps ins Spiel. Sie werden sehen, dass es eine Menge Methoden gibt, die Ihre Chakren offen und gesund halten und Ihnen Ihr Leben demzufolge sehr erleichtern werden.

Essen Sie die richtigen Lebensmittel

Lebensmittel korrelieren mit Ihren Chakren und für jedes Chakra gibt es entsprechend ein paar bestimmte Lebensmittel. Wenn Sie für ein bestimmtes Chakra meditieren möchten bzw. ein bestimmtes Chakra ins Gleichgewicht bringen wollen, dann sollten Sie vorher ein mit dem Chakra in Verbindung stehendes Lebensmittel zu sich nehmen. Dieses Lebensmittel wird während der Meditation und des Ausgleichs in Ihrem Körper gleich mitarbeiten und eine positive Wirkung entfalten.

Das Wurzel-Chakra

Das Wurzel-Chakra steht in Verbindung mit der Farbe Rot, also sollten Sie auf rote Lebensmittel zurückgreifen, wenn Sie dieses Chakra ausgleichen möchten bzw. eine Meditation für dieses Chakra gewählt haben. Rote Beete, Gewürze, roter Pfeffer, Tomaten und Erdbeeren sind normalerweise am besten geeignet. Insbesondere Erdbeeren sind sehr gut geeignet, direkt vor der Meditation verzehrt zu werden; wenn Sie das Chakra jedoch gut ausgleichen möchten, sollten Sie mehr dieser roten Lebensmittel pro Tag auf den Teller bekommen.

Das Sakral-Chakra

Da dieses Chakra von der Farbe Orange repräsentiert wird, helfen tatsächlich Orangen dabei, es wieder ins Gleichgewicht zu bekommen. Das hat den zusätzlichen Vorteil, dass gleichzeitig Ihr Immunsystem und Ihre Sexualität gestärkt werden. Auch Karotten sind sehr gut für dieses Chakra geeignet.

Das Solar Plexus-Chakra

Bei diesem Chakra sollten Sie viele gelbe Lebensmittel essen. Gelbe Paprika, Bananen und Mais sind also gut für das Solar Plexus-Chakra geeignet. Zitronen sind auch sehr hilfreich, selbst wenn Sie nur Zitronensaft zur Verfügung haben – allerdings sind frische Zitronen natürlich immer besser.

Das Herz-Chakra

Die Farbe Ihres Herz-Chakras ist Grün – also benötigen Sie hier grüne Lebensmittel. Blattgemüse, wie Spinat, Kohl, Weißkohl und Salat sind gut geeignet, genauso wie grüne Äpfel. Greifen Sie ebenfalls auf grüne Smoothies oder grünen Tee zurück.

Das Hals-Chakra

Beim Hals-Chakra hilft es tatsächlich mehr Wasser zu trinken, denn dessen Farbe ist Blau. Aber auch Kräutertees, wie Passionsblumentee, sowie Obstsaft ganz allgemein helfen dabei, dieses Chakra frei zu halten.

Das Dritte Auge-Chakra

Wenn Sie versuchen, für Ihr Drittes Auge-Chakra zu meditieren bzw. es ins Gleichgewicht zu setzen, dann müssen Sie Nahrung für Ihr Gehirn zu sich nehmen. Das schließt Nüsse und Fisch mit ein, kann aber alles Mögliche sein, das einen hohen Gehalt an Omega-3-Fettsäuren aufweist.

Das Kronen-Chakra

Die Farbe, die mit dem Kronen-Chakra in Verbindung steht, ist Violett. Dementsprechend wäre es ratsam Weintrauben und Blaubeeren zu essen. Auch Auberginen und violette Paprika sind sehr gut geeignet.

Ätherische Öle für Ihr Gleichgewicht

Wenn Sie für ein bestimmtes Chakra meditieren bzw. es ausgleichen wollen, dann hat ein jedes auch sein eigenes ätherisches Öl. Das können Sie dann für aromatherapeutische Zwecke verwenden, was Ihnen während der Meditation bzw. des

Ausgleichs gestatten wird, einen Teil dessen einzuatmen, was mit dem jeweiligen Chakra in Verbindung steht.

Das Wurzel-Chakra

Probieren Sie Nelken-, Myrrhe- oder Zedernöl aus. Das sind sehr stabile Düfte, die aus der Erde stammen.

Das Sakral-Chakra

Am besten greifen Sie auf ätherisches Orangenblütenöl, Canangabaumöl oder Sandelholzöl zurück. Diese Öle können Sie auch in ein Bad geben.

Das Solar Plexus-Chakra

Für dieses Chakra wird sehr häufig Zitronenöl verwendet, Sie können auch auf ätherisches Kamilleöl zurückgreifen. Auch diese Öle können Sie in ein Bad geben – allerdings wäre es besser, wenn Sie die Öle verbrennen würden, da das Solar Plexus-Chakra bekanntermaßen mit Feuer in Verbindung steht.

Das Herz-Chakra

Hierfür können Sie Bergamottöl verwenden, allerdings wird häufiger auf ätherisches Rosenöl zurückgegriffen. Dadurch können Sie aufgrund der emotionalen Konnotation der Rose eine direkte Verbindung sehen und spüren.

Das Hals-Chakra

Für das Hals-Chakra wäre ätherisches Lavendelöl am einfachsten zu beschaffen. Auch ist es nicht ganz so teuer wie manch anderes ätherisches Öl. Sie können auch Salbeiöl oder Neroliöl verwenden.

Das Dritte Auge-Chakra

Probieren Sie ätherisches Vetiveröl, Basilikumöl oder Jasminöl. Auch Rosmarinöl kann bei diesem Chakra helfen. Falls Sie lieber ein geläufigeres ätherisches Öl verwenden möchten, dann greifen Sie doch auf Patschuliöl zurück.

Das Kronen-Chakra

Die ätherischen Öle für das Kronen-Chakra sind ein wenig schwieriger zu beschaffen: Sie benötigen ätherisches Weihrauchöl bzw. Olibanumöl.

Erkennen Sie die Zeichen

Versuchen Sie stets so schnell es geht, die Zeichen zu erkennen, die andeuten, dass ein bestimmtes Chakra nicht im Gleichgewicht bzw. blockiert ist. Dann werden Sie wissen, auf welches Chakra Sie sich konzentrieren müssen, wenn Sie meditieren bzw. einen Ausgleich vornehmen. Sie werden viele Gesundheitsvorteile in Anspruch nehmen können, wenn Sie regelmäßig meditieren oder Ihre Chakren ins Gleichgewicht bringen. Versuchen Sie Ihren emotionalen Zustand mit Ihrem Wurzel-Chakra zu verbinden und Sie werden sich stabiler fühlen – allerdings ist es auch sehr wichtig, Ihr Herz-Chakra nicht zu vernachlässigen und stets freizuhalten.

Prinzipiell ist aber kein Chakra wichtiger als das andere – es kommt immer auf Ihre jeweilige Situation an, welchem Chakra Sie gerade Priorität einräumen und wie es Ihnen dabei helfen kann, diese Situation zu bewältigen bzw. alles, was um Sie herum vorgeht, zu verarbeiten. Indem Ihre Chakren im Gleichgewicht sind, können Sie Ihre körperlichen, mentalen und emotionalen Zustände besser kontrollieren, während Sie Ihre Gesundheit in allen drei Bereichen verbessern – und sich dabei gleichzeitig mit Ihrer spirituellen Seite verbinden.

Wer seine Energien besser kennengelernt hat, der ist auf dem besten Weg zu natürlicher Gelassenheit. Der nächste Schritt in die richtige Richtung ist das Praktizieren von Yoga. Der gekonnte Mix von Körper- Atem- und Bewusstseinsübungen schafft die ideale Basis für Gelassenheit.

KAPITEL 15
YOGA – MEHR ALS „OMMMM"

Wer sich noch nicht mit Yoga befasst hat, denkt dabei sofort an ein lang gezogenes „Ommmm" und spirituelle Mediation. Tatsächlich ist dies der ursprüngliche Sinn der Yoga-Übungen. Sie dienen dazu, mit dem Körper und dem Geist in Einklang zu kommen und eine meditative Haltung einzunehmen. Doch Yoga kann deutlich mehr, als Sie mental zu bestärken.

Zunächst einmal: Yoga ist die perfekte Möglichkeit, vollständig und ganzheitlich zu entspannen. Dies mag auf den ersten Blick wenig mit Ihrem Körpergewicht zu tun haben, aber Forscher konnten nachweisen, dass Stress ein maßgeblicher Faktor für Gewichtszunahme ist. Im Umkehrschluss bedeutet dies, dass Stressreduktion förderlich für die Gewichtsabnahme ist. Grund dafür ist zum einen, dass durch die ganzheitliche Entspannung, die durch Yoga eintritt, der Körper in sein natürliches Gleichgewicht findet und der Stoffwechsel optimal arbeiten kann. Zum zweiten wird die Ausschüttung von Stresshormonen gemindert, die jede Diät blockieren.

Darüber hinaus fördert Yoga Muskelkraft, Ausdauer und Körperspannung – und das beinahe unmerklich. Durch Yoga fit zu werden und abzunehmen empfinden die meisten weitaus weniger anstrengend, als durch andere Sportarten. Somit ist die Überwindung des inneren Schweinehundes wesentlich einfacher. Das Wohlgefühl, das sich durch regelmäßige Yogaeinheiten einstellt, ist jedoch umso größer und nachhaltiger und beeinflusst nicht nur Gewicht und Figur, sondern auch das seelische Gleichgewicht.
Wer regelmäßige Yogaübungen durchführt, fährt sich mental herunter und wird sichtbar und spürbar gelassener.

Wie können Sie durch Yoga gelassener werden?

Indem Sie Yogaübungen – richtig Asanas genannt – korrekt und bewusst ausführen, spannen Sie sämtliche Muskelgruppen im Körper an. Diese werden damit auf sanfte Art trainiert. Gleichzeitig konzentrieren Sie sich auf einfache und komplexe Körperstellungen, die langsam und mit Ruhe eingenommen und gehalten werden. Langfristig durchgeführt, wird der Körper straffer, trainierter und definierter. Ihr Geist wird fokussierter und Sie geerdeter. Viele Anlässe, die für Sie bisher Grund zur Verärgerung oder für Frust waren, erscheinen Ihnen bald unwichtig und nicht der Rede wert.

So finden Sie Ihren passenden Yogastil

Es gibt mehr als nur eine Art, Yoga zu betreiben. Im Laufe der Zeit haben sich verschiedene Yoga-Arten durchgesetzt, die sich in ihrer Dynamik, dem Schwierigkeitsgrad und der erforderlichen Konzentration und Fitness unterscheiden.

Die klassische Variante ist Hatha-Yoga. Hierbei handelt es sich um vergleichsweise sanfte Übungen. Daher werden bei dieser Yoga-Form auch die wenigsten Kalorien verbrannt. Nichtsdestotrotz fördert auch Hatha-Yoga die Stabilität des Körpers sowie die Muskulatur und verbessert die körperliche und geistige Beweglichkeit. Gleichzeitig wirkt er, wie jeder Yogastil, ausdauerfördernd. Somit kann durchaus auch mit Hatha-Yoga ein ausgleichender meditativer Effekt erzielt werden.

Hier die verschiedenen Yogastile. Welcher zu Ihnen und Ihrem Ziel passt, finden Sie am ehesten heraus, wenn Sie eine oder mehrere Sitzungen in jeder Variante durchführen.

Hatha-Yoga

Hatha-Yoga gilt als die wohl ursprünglichste Yoga-Art. Da sie auch für Anfänger durchaus schnell erlern- und anwendbar ist, ist sie auch die populärste Yoga-Art weltweit. Grundlegender Charakter des Hatha-Yoga ist es, sowohl inneres, als auch äußeres Gleichgewicht zu finden. Die Energie darf frei durch den Körper fließen. Hatha-Yoga bildet eine Einheit aus Kraft und Ausgeglichenheit in Verbindung mit mentaler Stärke.

Da es sich hierbei weniger um eine dynamische Yoga-Art handelt, werden auch nur minimal Kalorien verbrannt. Während einer Stunde Hatha-Yoga werden rund 150 Kalorien umgesetzt. Dies kann etwa mit dem Kalorienverbrauch eines einstündigen Spaziergangs verglichen werden. Allerdings werden zusätzlich Muskeln, Ausdauer und Stabilität trainiert, also wäre bei echten Sportmuffeln eine Stunde Hatha Yoga einem Spaziergang immer noch vorzuziehen.

Ashtanga-Yoga

Ashtanga-Yoga basiert auf den Grundlagen des Hatha-Yoga. Die Besonderheit bei diesem Yoga-Stil ist jedoch, dass alle Asanas fließend, in einer großen dynamischen Bewegung ausgeführt werden. Diese Bewegungen werden mit der Atmung synchronisiert. Da Ashtanga-Yoga eine größere Dynamik und Energie erfordert, werden hierbei auch etwas mehr Kalorien verbraucht als beim Hatha-Yoga. Der Grundumsatz liegt hier bei 200 Kalorien in der Stunde. Gleichzeitig werden hier besonders die Kondition und kreative Stärken gefördert.

Power-Yoga

Power-Yoga gehört in seinem Stil zum Ashtanga-Yoga. Die Übungen sind hier gleich. Auch wird Power-Yoga kraftvoll mit einer fließenden Dynamik ausgeführt. Es richtet sich dabei jedoch gezielt nach dem Yogi bzw. der Yogini, der/die die Asanas ausübt. Es handelt sich hierbei also um eine sehr individualisierte Yoga-Variante, die den Stoffwechsel und die Fettverbrennung ordentlich ankurbelt da die Übungen deutlich schneller durchgeführt und damit mehr Stellungen eingenommen werden. Der Kalorienverbrauch liegt bei einer Übungsstunde bei bis zu 400 Kalorien. Besonders gefördert werden Kraft, Kondition und Koordination. Die mentale Stärke tritt aufgrund der Dynamik etwas in den Hintergrund.

Vinyasa-Yoga

Vinyasa-Yoga ist ebenfalls fließendes, dynamisches Yoga, das bestenfalls wie aus einem Fluss ausgeführt wird. Im Fokus dieses Yoga-Stils stehen die einzelnen Übungen, die Asanas, selbst. Diese werden mit größtmöglicher Präzision ausgeführt. Sie erfordern Körperspannung, Kraft, Ausdauer und Gleichgewicht. Der Kalorienverbrauch beim Vinyasa-Yoga liegt bei circa 450 Kalorien. Die entspricht vergleichsweise etwa einstündigem gemäßigtem joggen. Ist jedoch deutlich gesünder für die Gelenke.

Bikram-Yoga

Bikram-Yoga wird auch Hot-Yoga genannt. Der Name ist hier Programm. Dieses kraftvolle, dynamische Yoga wird in einem 40 °C heißen Raum mit Luftfeuchtigkeit von 40 % ausgeführt. Durch das Schwitzen wird die Fettverbrennung ordentlich angekurbelt. Die einzelnen Stellungen, die beim Bikram-Yoga eingenommen werden – genau 25 verschiedene Haltungen sind es insgesamt – gelten als anspruchsvoll und fordern Muskelkraft, Körperbeherrschung und Ausdauer. Sie sind also nicht unbedingt für Anfänger geeignet. In einer Stunde werden dafür jedoch rund 650 Kalorien verbraucht. Damit ist Bikram-Yoga perfekt, um Gewicht zu verlieren. Wenngleich dies auch nicht für jedermann eine schnell umsetzbare Variante darstellt. Vor allem, wer Probleme mit seinem Herz- und Kreislaufsystem hat, sollte Abstand von dieser Yoga-Variante halten. Die Dynamik der Übungen, ausgeführt in einem sehr warmen Raum, ist für den Körper sehr belastend.

Ihr perfektes Yoga Work-out

Yoga leistet vielseitige Dienste. Die Figur wird nachhaltig in Form gebracht. Einzelne Muskelpartien werden aufgebaut und definiert. Das Bindegewebe wird durch die regelmäßigen Übungseinheiten gefestigt.

Die Ausdauer wird auf sanfte Art verbessert. Fettverbrennung und Stoffwechsel kommen in Schwung. Beste Voraussetzungen, sich auszupowern und gelassen und entspannt zu sein.

Bei der Ausführung der einzelnen Yoga-Stile kommt es sehr darauf an, dass die Asanas fließend und dynamisch ausgeführt werden. Dies erfordert etwas Übung. Gerade Einsteiger führen zunächst jede Übung einzeln für sich aus, auch, um die Haltung präzise und korrekt einnehmen zu können. Das ist wichtig. Im nächsten Schritt sollte begonnen werden, diese Übungen aneinanderzureihen und sie in einem Fluss, wie eine einzige Übung also, auszuführen. Der Sonnengruß ist ein gutes Beispiel dafür, wie eine fließende Abfolge einzelner Übungen aussehen kann. Selbst Yoga-Anfängern ist der Sonnengruß geläufig. Auf diese Weise wirkt Yoga wie ein gezieltes Ausdauertraining, ohne dass es sich für den Praktizierenden wirklich so anfühlt.

Yoga ist perfekt im Alltag zu integrieren und kann bei regelmäßiger, dynamischer Ausführung ein echtes Persönlichkeitstraining sein. Mit Asanas, die speziell dafür sorgen, dass der Stoffwechsel angekurbelt wird, runden Sie Ihr Yoga-Workout ab. Mit der finalen Ruhephase dagegen beschließen Sie Ihr mentales Training.

Als absolute Einsteiger empfiehlt es sich, zunächst an einem Yoga-Kurs teilzunehmen, da Fehlhaltungen durch einen erfahrenen Yogalehrer korrigiert werden können. Kurse dafür gibt es in jedem Ort und werden oft von den Krankenkassen bezuschusst.

Yoga – so trainieren Sie

Üben Sie zunächst alle Asanas langsam, konzentriert und zu Beginn jede für sich. Auch wenn es langfristig so sein sollte, dass alle Asanas in einem Fluss ausgeführt werden, ist es wichtig, sie sich zunächst schrittweise unter Aufsicht anzueignen. Alle Asanas verlangen Präzision, um den gewünschten Effekt erzielen zu können. Erst, wenn Sie sich in der Ausübung der einzelnen Asanas sicher sind, können Sie beginnen, die Übungen aneinanderzureihen, und zwar so, wie sie sinnvollerweise hintereinander passen, um die Bewegungen fließend ausführen zu können.

Schnelligkeit ist nicht wichtig. Investieren Sie lieber Ihre Energie in die präzise Ausführung und den gleichbleibenden Fluss. Passen Sie ihre Bewegungen dabei der Atmung an. Bestenfalls beginnen Sie in einem Tempo, bei dem sie bei jeder Bewegung jeweils zweimal ein- und ausatmen können.

Die einzelnen Asanas werden beidseitig ausgeführt. Starten Sie zunächst mit dem rechten Bein. Wiederholen Sie dann die Übung, beginnend mit dem linken Bein, auf der anderen Seite.

Lassen Sie es als Einsteiger langsam angehen. Es genügt, anfangs nur 15 Minuten am Tag für Ihre Yoga-Übungseinheit einzulegen. Um langfristig größere körperliche Fitness zu erreichen, sind rund 10 Wochenstunden im Yoga ideal. Wer unter Schilddrüsenproblematiken leidet, sollte dabei Übungen mit überstrecktem Hals vermeiden.

Mit Yoga auf dem Weg zur Gelassenheit

Beginnen Sie immer mit einem Warm-up. Dieses ist wichtig, um in Schwung zu kommen, die Muskeln aufzuwärmen und zu dehnen und den Kreislauf langsam in Schwung zu bringen. Achten Sie dabei auf einen gleichmäßigen Atemrhythmus. Um Ihren persönlichen Rhythmus zu finden, können Sie auch vor dem Warm-up mit einzelnen Atemübungen beginnen, sich sammeln und bewusst ein- und ausatmen, bis Sie Ihren persönlichen Atemrhythmus gefunden haben. Fokussieren Sie sich auf Ihren Körper. Klassische Übungen des Yoga sind hierzu besonders geeignet, um in die grundlegende Yoga-Haltung zu gelangen. Dies könnte beispielsweise der Baum sein.

Der Baum

Dabei stehen Sie aufrecht, mit leicht vorgeschobener Hüfte im sicheren Stand. Legen Sie die Handflächen vor der Brust gegeneinander. Atmen Sie tief ein. Bei der Ausatmung winkeln Sie zunächst das rechte Bein an und setzen Sie die Fußfläche an die innere Seite des linken Oberschenkels. Setzen Sie dabei den Fuß so hoch an, wie es Ihnen möglich ist. Das rechte Knie drehen Sie dabei soweit nach außen, wie es geht. Bestenfalls befindet es sich unter der rechten Schulter. Finden Sie Ihre Balance. Wenn Sie sicher sind, führen Sie mit einer einzigen fließenden Bewegung die beiden Hände, deren Flächen weiterhin aneinander liegen, vor dem Gesicht entlang von der Brust nach oben über den Kopf, bis Ihre Arme gestreckt sind. Halten Sie diese Position, atmen Sie ein und aus und spüren Sie ganz bewusst die Anspannung der Muskeln.

Der herabschauende Hund

Der herabschauende Hund ist eine der populärsten Yoga-Übungen. Hierbei starten Sie aus dem Stand. Die Beine sind gestreckt, die Hüfte leicht nach vorne geschoben, der Rücken gerade. In einer fließenden Bewegung beugen Sie den Oberkörper mit weiterhin geradem Rücken nach vorne und setzen die Handflächen vor Ihren Füßen auf. Setzen Sie nun zunächst den rechten Fuß, dann den linken Fuß einen großzügigen Schritt zurück. Ihr Körper bildet damit ein Dreieck. Das Gesäß zeigt nach oben. Die Fersen heben etwas vom Boden ab. Wie bei einem Hund, der die Vorderläufe senkt, das Gesäß jedoch nach oben schiebt in freudiger Erwartung, geben Sie Druck auf Ihre Handflächen und drücken den Oberkörper weiter in Richtung Boden.

Aus dieser Figur heraus können Sie in einer fließenden Bewegung die Füße nacheinander vollständig nach hinten stellen und legen sich über die Liegestütz langsam und gleichmäßig fließend auf dem Boden ab. Sie verharren nicht in der Bauchlage, sondern gleiten in die nächste Position, die kleine Kobra.

Die kleine Kobra

In der Bauchlage setzen Sie die Handflächen links und rechts eng neben Ihrem Oberkörper ab. Aus dem Rücken heraus drücken Sie nun den Oberkörper soweit es geht nach oben, biegen dabei das Kreuz durch und heben den Kopf. Die Handflächen bleiben dabei weiterhin flach auf dem Boden liegen.

Der Sonnengruß

Bei dem Sonnengruß werden einzelne Asanas aneinandergereiht. Der herabschauende Hund und die kleine Kobra sind in der Abfolge der Übungen enthalten. Beginnen Sie, wie immer, im Stand. Atmen Sie ein. Beim Ausatmen legen Sie die Handflächen vor der Brust aneinander. Mit dem nächsten Einatmen heben Sie die Arme in einer fließenden Bewegung gerade über dem Kopf. Schieben Sie dabei die Schulterblätter gegeneinander.

Mit der Ausatmung beugen Sie leicht die Knie. Der Oberkörper senkt sich in einer fließenden Bewegung nach vorne, bis er die Beine berührt. Die Hände werden links und rechts neben den Füßen abgesetzt.

Wenn Sie nun wieder einatmen, setzen Sie gleichzeitig den rechten Fuß nach hinten, sodass das rechte Bein gestreckt ist. Das linke Bein bleibt aufgestellt und bildet einen Winkel. Halten Sie den Atem an und setzen dabei auch das linke Bein zurück. Legen Sie nun in einer fließenden Bewegung den Oberkörper ab. Knie, Brust und Stirn berühren nun den Boden, während die Fußballen aufgestellt sind. Die Hände sind ebenfalls aufgestützt.

Aus dieser Position heraus können Sie sich nun, wie oben beschrieben, in die kleine Kobra bewegen und danach mit dem nächsten Ausatmen wiederum in den herabschauenden Hund gehen, indem Sie aus der Kobra heraus das Gesäß anheben und die Fersen aufsetzen.

Gehen Sie nun in umgekehrter Reihenfolge in die Ausgangssituation zurück. Das heißt, winkeln Sie zunächst das linke Bein, dann das rechte Bein wieder an, heben Sie den Oberkörper, richten Sie sich gerade mit über dem Kopf ausgestreckten Händen auf und beenden Sie den Sonnengruß wieder im Stand mit den Händen vor der Brust.

Wiederholen Sie diese Abfolge in einer einzigen fließenden Bewegung max. 12-mal.

Das Dreieck

Das Dreieck gehört zu den Grundübungen, die auch ohne jegliche Vorkenntnisse von Anfängern durchgeführt werden kann. Sie ist sehr gut dafür geeignet, um sich aufzuwärmen und die Muskeln zu dehnen. Gleichzeitig kann in einem dynamischen Yoga das Dreieck eine gute Ausgangsstellung für weitere Asanas wie beispielsweise den Krieger sein.

Bei dem Dreieck stehen Sie zunächst aufrecht mit hüftbreit gespreizten Beinen. Die Füße zeigen nach vorne. Die Hüfte ist leicht vorgeschoben. Achten Sie darauf, dass die Knie nicht völlig durchgestreckt sind, dies kann schädlich für die empfindlichen Kniegelenke sein.

Grätschen Sie nun die Beine etwas weiter, über Hüftbreite. Drehen Sie dabei den rechten Fuß zur Seite aus und verlagern Sie Ihr Gewicht auf das rechte Bein. Atmen Sie nun ein und strecken Sie den rechten Arm gerade zur Seite aus. Die Handfläche weist dabei nach unten. Die linke Hand können Sie leicht in die linke Seite legen.

Mit dem Ausatmen senken Sie in einer fließenden Bewegung den Oberkörper nach rechts ab und stellen die rechte Hand flach neben dem rechten Fuß ab. Der Rücken bleibt dabei gerade und gestreckt. Strecken Sie den linken Arm nun gerade nach oben, drehen Sie den Kopf und blicken Sie über die Schulter nach oben.

Achten Sie darauf, dass Sie, nachdem Sie diese Stellung einige Sekunden gehalten haben, in der gleichen fließenden Bewegung in umgekehrter Reihenfolge wieder in die Ausgangsstellung zurückfinden.

Der Krieger

Für den Krieger ist die Ausgangsstellung die gleiche, wie für das Dreieck. Atmen Sie ein und strecken Sie beide Arme auf Schulterhöhe seitlich vom Körper weg. Grätschen Sie nun die Beine, und zwar so weit, dass Ihre Füße etwa unterhalb der ausgestreckten Hände zum Stehen kommen. Mit dem nächsten Ausatmen beugen Sie das linke Knie, bis es sich etwa über der linken Ferse befindet. Halten Sie diese Position. Wichtig ist dabei, dass der Oberkörper gerade bleibt und beide Füße fest auf dem Boden stehen. Gerade der rechte Fuß sollte dabei fest gegen den Boden drücken.

Wichtig ist, dass Sie hier die Spannung halten.

Nun gleiten Sie langsam in den sogenannten Krieger 1. Dabei drehen Sie den linken Fuß (also den Fuß des jeweils gebeugten Beines) von vorne im rechten Winkel nach links. Gleichzeitig drehen Sie Oberkörper und Hüfte ebenfalls nach links. Strecken Sie nun beide Arme senkrecht nach oben.

Halten Sie weiterhin den Oberkörper gerade. Aus dieser Position heraus können Sie weiter Druck auf die Beine ausüben und tiefer in die Grätsche gehen, ohne die Körperspannung zu verlieren.

Wie bei jeder Asana wiederholen Sie die Übung jeweils auf der anderen Seite.

Um in den Krieger 2 zu kommen, verharren Sie in der gleichen Position, senken jedoch die Arme langsam nach unten, bis sie waagerecht zu den Beinen nach vorne und hinten ausgestreckt sind. Sie blicken dabei weiterhin nach vorne über den linken Arm, der zum ausgedrehten linken Fuß weist. Hier, auf diesem gebeugten Bein liegt Ihr Schwerpunkt, wenngleich Sie darauf achten, dass Ihr Oberkörper weiter gestreckt in der Mitte verharrt. Der rechte Arm ist ausgedreht nach hinten, weist zum rechten Fuß. Dieser zeigt weiterhin nach vorne.

Mit etwas Übung gelingt nun auch der Krieger 3. Dabei strecken Sie das gebeugte Bein langsam aus. Sie verlagern das Gewicht komplett auf dieses Bein und strecken den Oberkörper in einer geraden Linie langsam zur linken Seite. Dabei führen Sie die beiden gestreckten Arme links und rechts gerade über den Kopf. Das weiter gestreckte rechte Bein hebt gleichzeitig vom Boden ab. Die Endposition haben Sie erreicht, wenn Ihr linkes (später beim Wechsel natürlich das andere Bein) gerade aufgestellt ist, der Oberkörper ist rechtwinklig zum Fuß gebeugt, die Arme gestreckt.

Das andere Bein streckt sich ebenfalls im rechten Winkel nach hinten.

Der Krieger 3 erfordert, Disziplin, Gleichgewicht und Körperspannung. Da es eine anspruchsvolle Übung ist, verbraucht Sie auch entsprechend Energie. Zu Ihrem Workout gehört Sie daher unbedingt dazu, zumal sie auch dazu dient, die Silhouette zu straffen und zu formen.

Das Boot

Wenn Sie abnehmen wollen, leiden Sie sicher auch unter ganz bestimmten Problemzonen. Dies ist häufig der Bauch, da hier Fett am schlechtesten abgebaut wird, der Bauch jedoch meist nur mühevoll gezielt trainiert werden kann. Möchten Sie mithilfe von Yoga abnehmen, sollte eine Übung unbedingt auf Ihrem Übungsplan stehen: das Boot.

Setzen Sie sich hierzu gerade auf den Boden bzw. auf die Yogamatte. Der Rücken ist aufgerichtet, die Beine gerade ausgestreckt. Heben Sie die Beine leicht an. Sie sollten über dem Boden schweben. Dafür ist es natürlich notwendig, sie anzuspannen. Die Kraft hierfür muss aus den unteren Bauchmuskeln heraus kommen.

Nun heben Sie die gestreckten Beine langsam so hoch es Ihnen möglich ist. Gleichzeitig müssen Sie den Oberkörper weiterhin gestreckt halten, sodass er ungefähr im 90-Grad-Winkel zu den ausgestreckten Beinen steht. Die Anspannung des Oberkörpers dient dazu, in dieser Position das Gleichgewicht zu halten. Es ist wichtig, diese Position einige Sekunden lang zu halten. Die Arme können Sie dabei leicht oberhalb der Hüfte ausstrecken.

Der Vorteil bei dieser Yoga-Übung ist, dass sämtliche vier Schichten der Bauchmuskulatur angespannt werden. Eine bessere Übung für einen trainierten, flachen Bauch gibt es kaum. Und da Sie hier sehr viel Energie und Muskelanspannung benötigen, werden bei der Ausübung des Boots auch Kalorien verbrannt.

Das Brett

Ebenfalls eine perfekte Übung um durch Yoga abzunehmen, ist das sogenannte Brett. Während einer dynamisch fließenden Bewegung, können Sie in diese Übung beispielsweise aus der kleinen Kobra heraus gelangen. Ausgangsposition ist als die Bauchlage.

Nutzen Sie maximale Körperspannung. Setzen Sie die Handflächen wie bei der Kobra links und rechts neben dem Brustkorb flach ab. Die Fußspitzen stellen Sie auf. Spannen Sie nun den gesamten Körper an und drücken Sie sich aus der Kraft der Hände und Füße heraus gerade nach oben. Der Name ist dabei Programm. Wie ein Brett bleiben Sie mit ausgestreckten Armen in der Liegestütze. Als Anfänger mag Ihnen hier die Kraft in den Armen versagen. Leichter wird es, wenn Sie sich nicht auf den Handflächen, sondern auf dem gesamten Unterarm abstützen.

Bei dieser Übung werden Kalorien verbrannt und gleichzeitig die gesamte Muskulatur gestärkt. Insbesondere die Problemzonen Bauch, Beine und Gesäß werden so effektiv trainiert.

Der Halbmond

Dehnung und Straffung erwirkt der Halbmond. Um in diese Figur zu gelangen können Sie wie beim Sonnengruß starten. Sie stehen also aufrecht mit geschlossenen, allenfalls leicht geöffneten Beinen. Sie atmen ein. Beim Ausatmen senken Sie den Oberkörper nach unten. Nun machen Sie einen großen Schritt nach hinten und legen zunächst das rechte Bein gerade nach hinten ab, den rechten Fuß auf dem Fußrücken. Das linke Bein wird tief angewinkelt. Dabei richten Sie den Oberkörper wieder gerade auf. Die Arme strecken Sie gerade nach oben. Mit der Kraft des Torsos gehen Sie tiefer in die Dehnung, so tief, wie es Ihr Fitnesslevel zulässt. Achten Sie darauf, dass möglichst das gesamte rechte ausgestreckte Bein auf dem Boden aufliegt und der linke Fuß möglichst weit unter der Hüfte steht.

Den Namen Halbmond verdankt diese Übung der Tatsache, dass Sie nun mit der nächsten Ausatmung den Oberkörper so weit nach hinten dehnen, wie es Ihnen möglich ist, sodass er eine Wölbung bildet. Der Kopf blickt dabei so weit wie möglich nach oben. Die gestreckten Arme dienen als Verlängerung des Oberkörpers und ziehen ihn weiter nach hinten, ohne dabei aus der Schulter heraus zu überdehnen.

Wie immer gilt es, diese Position einige Sekunden zu halten und auf der anderen Seite zu wiederholen.

Der Halbmond 2

Es gibt eine zweite Asana, die ebenfalls Halbmond genannt wird. Diese Übung wird im Stehen praktiziert. Ausgangsposition ist das Dreieck wie weiter oben beschrieben. Dabei starten Sie aus dem Stand, die Beine gegrätscht. Drehen Sie den rechten Fuß nach rechts aus, sodass er im rechten Winkel zu Ihrer Hüfte steht.

Nun senken Sie den Oberkörper gerade zur rechten Seite herunter und setzen die rechte Hand auf dem Boden auf. Im Gegensatz zum Dreieck wird die Hand nicht direkt neben dem Fuß platziert, sondern unterhalb der rechten Schulter, sodass der rechte Arm eine gerade Linie bildet und parallel zu dem gestreckten rechten Bein steht. Das linke Bein wird nun waagerecht in die Höhe gestreckt, auf eine Linie mit dem zur Seite geneigten Oberkörper. Der linke Arme wird senkrecht zur Decke gestreckt, bildet somit eine optische Verlängerung zu dem nach unten gestreckten Arm.

Halten Sie diese Position. Sie erfordert Muskelspannung und Balance. Diese Asana ist gut geeignet, um die Oberschenkel zu straffen und die Körpermitte zu formen. Da gleichzeitig die Wirbelsäule gestärkt wird, ist sie auch eine gute Übung für den Bauch.

Der Grashüpfer

Ebenfalls eine sehr gute Übung für den Bauch ist eine Asana, die der Grashüpfer genannt wird. Dabei liegen Sie zunächst auf dem Bauch. Das Kinn berührt den Boden.

Auch diese Übung lässt sich in einem dynamischen Fluss mit Übungen wie der kleinen Kobra verbinden.

Atmen Sie tief ein. Beim Ausatmen heben Sie die gestreckten Beine wie auch die nach vorne gestreckten Arme und den Oberkörper an, so weit weg vom Boden, wie es Ihre Beweglichkeit und Gelenkigkeit zulässt. Dies können zu Beginn Ihres Yoga-Workouts nur wenige Zentimeter sein. Doch das macht nichts. Durch die Dehnung werden die Bauchmuskeln gestärkt und besonders die Fettverbrennung in dieser Körperregion angeregt.

Der Bogen

Der Grashüpfer ist gleichzeitig Ausgangsstellung für eine Steigerung: den Bogen. Hierbei belassen Sie es nicht dabei, die Arme und Beine gestreckt erhoben zu halten. Mit dem nächsten Ausatmen, nachdem Sie den Grashüpfer mehrmals wiederholt haben, strecken Sie beide Arme am Körper entlang nach hinten und greifen hinter dem Rücken nach Ihren Fußgelenken. Die Beine werden dabei mit der gleichen fließenden Bewegung, mit der die Arme nach hinten gestreckt werden, angewinkelt, sodass sich Hände und Knöchel berühren.

Heben Sie nun den Oberkörper so hoch es geht. Der Brustkorb sollte vom Boden abheben. Gleichzeitig Heben Sie auch die Oberschenkel vom Boden. Die Kraft nehmen Sie aus der Körpermitte, wo sich Füße und Hände berühren. Hier ziehen Sie sich hoch. Der Rücken wird dabei durchgebogen, die Bauchmuskeln und Oberschenkelmuskeln gestreckt. Gerade wenn Sie anfangs noch etwas steif im Rücken sind, ist diese Übung sicher nicht ganz einfach. Doch nach relativ kurzer Zeit werden Sie feststellen, wie sich Ihre Beweglichkeit verbessert.

Wiederholen Sie diese Übung bestenfalls mehrmals. So werden Ihre Bauchmuskeln trainiert, die Beweglichkeit und Stabilität verbessert und der Stoffwechsel angekurbelt. Der Herzschlag beschleunigt sich bei mehrmaliger Wiederholung und der Kalorienverbrauch steigt.

Die Katze

Wurden die Bauchmuskeln auf diese Art beansprucht, ist die folgende Übung entspannend und regt die Bauchmuskulatur dennoch an.

Um die Katze zu praktizieren, müssen Sie in den Vierfüßlerstand. Wichtig ist auch hier, dass Sie die einzelnen Übungen nicht jede für sich absolvieren, sondern einen dynamischen Fluss Ihrer Bewegung entwickeln. Daher bietet es sich an, bevor Sie in die Katze gehen, sich in den Fersensitz zu setzen. Diese Sitzhaltung ist aus jeder Übung heraus schnell und einfach einzunehmen.

Wenn Sie sich vorher in der Bauchlage befinden, können Sie aus der kleinen Kobra heraus wie beim Sonnengruß in den herabschauenden Hund und damit in den Stand gelangen. Nun können Sie in den Fersensitz wechseln. Nun richten Sie sich auf die Knie auf, indem Sie Oberkörper und Oberschenkel senkrecht nach oben heben. Achten Sie nun, da Sie auf den Knien sind, darauf, dass die Knie leicht auseinander stehen, etwa hüftbreit. Die Fußoberseiten ruhen dabei flach auf dem Boden, die Füße werden also nicht aufgestellt.

Mit dem nächsten Ausatmen neigen Sie den Oberkörper nach vorne und gehen damit in den Vierfüßlerstand. Achten Sie darauf, dass der Rücken eine gerade Ebene bildet. Verbleiben Sie einen Moment, atmen Sie tief ein und aus. Dies ist eine gute Entspannungsübung. Mit dem nächsten Ausatmen ziehen Sie den Bauchnabel zur Wirbelsäule und machen den Rücken ganz rund, recken ihn wie einen Katzenbuckel nach oben. Oberschenkel und Gesäß bleiben angespannt. Der Kopf blickt nach unten. Atmen Sie ein und richten Sie mit der Ausatmung Ihr Kreuz wieder in der Geraden aus.

Auch diese Übung sollten Sie mehrmals wiederholen, um einen stärkenden Effekt zu erwirken und die Bauchmuskulatur zu trainieren.

Die Pyramide

Folgende Asana wird wieder aus dem Stand ausgeführt. Stehen Sie zunächst gerade aufrecht. Die Beine sind hüftbreit geöffnet, die Füße zeigen nach vorne. Die Hände liegen an der Seite. Nun machen Sie zunächst einen großen Schritt mit dem rechten Fuß nach vorne. Der rechte Fuß wird fest in den Boden gestellt. Dabei drehen Sie den linken Fuß leicht aus.

Senken Sie nun den geraden Oberkörper in einer fließenden Bewegung auf den rechten Oberschenkel ab. Achten Sie darauf, dass der Rücken wirklich gerade und der Brustkorb geöffnet bleibt. Idealerweise kommt der Oberkörper auf dem Oberschenkel zu liegen. Doch dies benötigt maximale Dehnbarkeit, die Sie anfangs noch nicht haben werden. Doch mit etwas Geduld und Ausdauer werden Sie schnell diesem Ziel immer näherkommen. Die Fingerspitzen setzen übrigens auf dem Boden neben dem Fuß auf. Wiederholen Sie diese Übung mehrmals, auch auf der anderen Seite.

Ein Tipp, falls Ihre Dehnbarkeit noch zu wünschen übriglässt: Nehmen Sie sich Yoga-Blöcke zu Hilfe, auf denen Sie Ihre Hände absetzen können. Dies erspart Ihnen anfangs einige Zentimeter, ohne sich negativ auf den Trainingserfolg auszuwirken.

Bei dieser Übung wird Ihre gesamte Beweglichkeit verbessert und besonders die Achilles-Sehne gedehnt. Gleichzeitig wird die gesamte Muskulatur gestrafft und durch die ungewohnte Haltung, die Funktion der Organe angeregt, der Stoffwechsel und der Kreislauf angekurbelt und damit auch der Fettverbrennung wirksam nachgeholfen.

Die Taube

Sie sieht unspektakulär aus, doch diese Yoga-Übung regt den Stoffwechsel an und dehnt Hüft-, Gesäß- und Oberschenkelmuskulatur wirkungsvoll.

Starten Sie auch hier im Vierfüßlerstand, den Sie beispielsweise über den Fersensitz gut erreichen, ohne aus dem Fluss zu kommen. Auch aus dem herabschauenden Hund können Sie perfekt in den Vierfüßlerstand kommen. Wichtig ist, dass die Handflächen unterhalb der Schulter platziert werden. Die Knie stehen direkt unterhalb der Hüfte, hüftbreit auseinander.

Führen Sie nun das linke Knie nach vorne und legen es neben der linken Hand ab. Kommen Sie dadurch in eine sitzende Haltung, in der das linke angewinkelte Bein fest auf dem Boden ruht, die Hüfte etwas vorgeschoben und der Rücken gerade nach oben gestreckt ist. Das rechte Bein zeigt ausgestreckt nach hinten.

Mit der nächsten Ausatmung winkeln Sie den rechten Unterschenkel im rechten Winkel nach oben ab. Der gestreckte Fuß zeigt zur Decke. Gleichzeitig strecken Sie die angewinkelten Arme über die Schultern. Die rechte Hand ergreift das linke Handgelenk. Dehnen Sie auf diese Weise den Oberkörper leicht nach hinten in Richtung des rechten Fußes. Halten Sie diese Position und achten Sie auf die notwendige Balance.

Wiederholen Sie die Taube auch auf der anderen Seite.

Das Kamel

Das Kamel gelingt nur mit etwas Übung und mit ausreichender Dehnung. Für Anfänger ist diese Asana also eher ungeeignet.

Doch wenn Sie sie einmal beherrschen, ist sie ideal geeignet, um die Beine zu straffen und den Kreislauf – damit die Fettverbrennung und den Stoffwechsel – anzuregen.

Auch hierbei starten Sie im Fersensitz. Richten Sie sich nun mit der Ausatmung auf, sodass Sie auf den Knien stehen. Diese sind hüftbreit auseinander auf den Boden gestellt. Achten Sie auf einen geraden Rücken. Die Fußoberseiten liegen auf dem Boden.

Nun beugen Sie den Rücken vorsichtig in einer fließenden Bewegung nach hinten. Die Arme werden dabei nach hinten gestreckt. Beugen Sie die Wirbelsäule. Ellenbogen und Fingerspitzen sind nach hinten geneigt. Stabilisieren Sie sich, indem die Finger die Füße berühren. Auch das Kinn wird dabei zur Decke gestreckt, um den Rücken weiter nach hinten zu runden. Kraft und Balance kommen aus dem Brustkorb. Dieser drückt leicht nach oben.

Achten Sie hier darauf, die Spannung zu halten. Die Oberschenkel sollten stets im rechten Winkel zu den abgelegten Unterschenkeln stehen und nicht etwa nach hinten kippen.

Der Stuhl

Eine letzte anstrengende, jedoch sehr effektive Übung ist der Stuhl. Er sieht recht einfach aus, hat es jedoch in sich und ist bestens dafür geeignet, die Fettverbrennung anzukurbeln. Außerdem gelingt diese Asana auch Einsteigern recht gut.

Stehen Sie zunächst aufrecht mit hüftbreit geöffneten Beinen. Mit der Ausatmung heben Sie die gestreckten Arme nach oben. Dabei zeigen die Handflächen nach unten. Führen Sie die Arme an den Ohren vorbei, achten Sie dabei darauf, dass die Schultern unten bleiben.

Beugen Sie nun leicht die Knie und gehen Sie in einer fließenden Bewegung in die Hocke. Dabei bleibt der Rücken gerade, das Gesäß zieht gen Boden. Stellen Sie sich vor, es stünde ein Stuhl hinter Ihnen, auf den Sie sich setzen möchten. Der Kopf sollte dabei nicht herabsinken. Schauen Sie über die gestreckten

Fingerspitzen hinweg, während Sie in die Hocke gehen. Haben Sie Ihre Position stabilisiert, können Sie weiter nach unten sinken.

Sie werden die deutliche Spannung der Oberschenkelmuskulatur spüren. Aber auch der Torso wird hierbei gut trainiert und der Stoffwechsel angeregt. Wiederholen Sie den Stuhl mehrmals.

Mit Yoga zu mehr Lebensgefühl

Die beschriebenen Asanas eignen sich alle hervorragend dafür, Ihren Stoffwechsel anzuregen und die Fettverbrennung anzukurbeln. Gleichzeitig werden sämtliche Muskelgruppen trainiert, die Ausdauer verbessert.

Was Yoga gleichzeitig zu einem perfekten Begleiter für Sie macht, ist das damit verbundene Lebensgefühl. Yoga bedeutet Verbundenheit mit dem Selbst. Sie setzen sich mit Ihrer Seele wie mit Ihrem Körper auseinander, tun sich etwas Gutes und achten in jeder Hinsicht darauf, Schädliches zu vermeiden. Mit regelmäßiger Yoga-Praxis ist meistens auch eine Ernährungsumstellung verbunden, denn Yoga lehrt uns das Prinzip der Achtsamkeit, die auf alle Lebensbereiche einwirkt.

Auch wenn Sie Yoga mit etwas Übung erfolgreich zu Hause betreiben, nehmen Sie sich Zeit, sorgen Sie für eine wohltuende Atmosphäre und üben Sie sich in Geduld und Entspannung.

Körper und Seele werden es Ihnen danken. Gelassenheit wird so eine der schönsten Einstellungen der Welt und kein Geheimnis mehr.

Ihre Vivienne Krüger

ÜBER HELUHELU PUBLISHING

HeluHelu Publishing verbindet persönliches Wachstum mit Lesespaß. In verständlicher und leicht konsumierender Art und Weise präsentiert HeluHelu Publishing die unterschiedlichsten Themen aus dem Bereich der Persönlichkeitsentwicklung, und zwar so, dass es für den Leser ein Leichtes ist, Wissen aufzusaugen und dieses Wissen erfolgreich in die Tat umzusetzen. So widmet man sich in den Büchern, eBooks und Hörbüchern den wichtigsten Lebensbereichen des Menschen. Ziel ist es, die Welt ein wenig glücklicher und positiver zu gestalten und den Lesern dabei zu verhelfen, ihre Träume zu verwirklichen, ihr volles Potenzial auszuschöpfen und ihr Leben richtig zu lieben.

Immer auf dem Laufenden bleiben

HeluHelu Publishing veröffentlicht in regelmäßigen Abständen neue Bücher, eBooks und Hörbücher im Ratgeber-Bereich. Um immer auf dem Laufenden zu bleiben und keine Neuveröffentlichungen zu verpassen, bietet sich der kostenlose Newsletter wunderbar an. Hier warten unglaubliche Angebote sowie besondere Deals für die Newsletter-Abonnenten.

Der Link zu der Webseite lautet wie folgt: www.heluhelupublishing.de

RECHTLICHES UND IMPRESSUM

Die Inhalte dieses Buches wurden anhand von anerkannten Quellen recherchiert und mit hoher Sorgfalt geprüft. Der Autor übernimmt dennoch keinerlei Gewähr für die Aktualität, Richtigkeit und Vollständigkeit der bereitgestellten Informationen. Haftungsansprüche gegen den Autor, welche sich auf Schäden gesundheitlicher, materieller oder ideeller Art beziehen, die durch die Nutzung oder Nichtnutzung der dargebotenen Informationen bzw. durch die Nutzung fehlerhafter und unvollständiger Informationen verursacht wurden, sind grundsätzlich ausgeschlossen, sofern seitens des Autors kein nachweislich vorsätzliches oder grob fahrlässiges Verschulden vorliegt. Dieses Buch ist kein Ersatz für medizinische und professionelle Beratung und Betreuung.

Dieses Buch verweist auf Inhalte Dritter. Der Autor erklärt hiermit ausdrücklich, dass zum Zeitpunkt der Linksetzung keine illegalen Inhalte auf den zu verlinkenden Seiten erkennbar waren. Auf die verlinkten Inhalte hat der Autor keinen Einfluss. Deshalb distanziert der Autor sich hiermit ausdrücklich von allen Inhalten aller verlinkten Seiten, die nach der Linksetzung verändert wurden. Für illegale, fehlerhafte oder unvollständige Inhalte und insbesondere für Schäden, die aus der Nutzung oder Nichtnutzung solcherart dargebotener Informationen entstehen, haftet allein der Anbieter der Seite, auf welche verwiesen wurde, nicht aber der Autor dieses Buches.

Gelassenheit: Wie Sie innere Ruhe finden und Zufriedenheit erlangen - Perfektionismus überwinden im Handumdrehen

1. Auflage

DiGi Generation
Rodensteinstr. 22
64625 Bensheim

Vertretung: Dr. Özgür Dagdelen, Torben Gebbert

E-Mail: hallo@digigeneration.de

Printed in Germany
by Amazon Distribution
GmbH, Leipzig

16138557R00086